JULIA HEINECKE

Heimliche Frucht

DAS KIND MUSS WEG War die Magd wirklich vom Bauern schwanger? Und wenn ja – wo ist das Kind? Jeder sieht doch, dass der Bauer Emil vom Lenzenhof was mit seiner Magd Rosa hat, oder etwa nicht? Immer glucken die beiden zusammen, während die Bäuerin Agnes sich wohl im Haus versteckt. Und hat die Rosa nicht zugenommen? Na, die war schon immer etwas kräftig, aber jetzt ist es doch eindeutig. Früher war sie auch so fröhlich – und mittlerweile schaut sie nur noch verdrießlich drein. Was der Bauer damit seiner Frau Agnes antut, die doch selbst gerade erst niederkam!

So reden die Leute, und um sie zum Schweigen zu bringen, greift Emil zu drastischen Maßnahmen. Doch dadurch wird alles nur schlimmer. Schließlich nimmt Oberwachtmeister Bruno Strecker Ermittlungen auf. Denn wenn Rosa wirklich schwanger gewesen war, dann muss das Kind doch irgendwo stecken …

Julia Heinecke wurde in Berlin geboren, wuchs im nördlichen Schleswig-Holstein auf und ist seit über einem Vierteljahrhundert in Südbaden zu Hause. Sie absolvierte eine Übersetzer-/Dolmetscherausbildung und studierte anschließend Kulturwissenschaften. Heute lebt und arbeitet Julia Heinecke als freiberufliche Übersetzerin, Lektorin und Autorin in Freiburg. In mehreren Publikationen hat sie sich sowohl auf Sachebene als auch in Romanform mit der Kulturgeschichte des Schwarzwaldes auseinandergesetzt.

JULIA HEINECKE

Heimliche Frucht

Roman

GMEINER

Personen und Handlung sind frei erfunden.
Ähnlichkeiten mit lebenden oder toten Personen
sind rein zufällig und nicht beabsichtigt.

MIX
Papier | Fördert gute Waldnutzung
FSC® C014496

Besuchen Sie uns im Internet:
www.gmeiner-verlag.de

Im Ehnried 5, 88605 Meßkirch
Telefon 07575/2095-0
info@gmeiner-verlag.de

1. Auflage 2024

Lektorat: Claudia Senghaas, Kirchardt
Umschlaggestaltung: U.O.R.G. Lutz Eberle, Stuttgart
unter Verwendung eines Fotos von: © ullstein bild – mauritius
Druck: GGP Media GmbH, Pößneck
Printed in Germany
ISBN 978-3-8392-0598-3

Nach einer wahren Begebenheit

Inhalt

1 Liebe

2 Zuversicht

3 Enttäuschung

4 Verzweiflung

5 Gerede

6 Tatsachen

7 Sühne

Als er die Bergkuppe erreicht hatte, hielt der Postbote Werner Dreieich schnaufend an. Er atmete tief durch und blinzelte in die Maisonne. In der Ferne erhob sich der Feldberg als i-Tüpfelchen des Schwarzwaldpanoramas. Welch herrliche Aussicht, dachte Dreieich. Sie war die Belohnung für seine täglichen Mühen. Jetzt ging es mit dem Rad die schmale Straße nur noch bergab. Werner Dreieich schwang sich wieder in den Sattel und genoss die rasante Abfahrt.

Am Lenzenhof bremste er ab und ließ seine Fahrradglocke erklingen. Ring, ring! Das Rad kam zum Stillstand, der Postbote stieg ab.

Etwa fünfzig Meter von ihm entfernt standen der Bauer Emil Dold und seine Magd Rosa Löffler auf dem Rübenacker, zwischen ihnen der Mistwagen. Beide holten mit ihren langen Gabeln den Mist herunter und verteilten ihn auf dem Ackerboden. Sie nahmen den Postboten gar nicht wahr, so vertieft waren sie in die Arbeit.

»Salli, Emil«, rief Dreieich. Er zog zwei Briefe aus der Ledertasche an seinem Lenker und schwenkte sie. »Post für euch.«

Gleich zwei Briefe. Der Postbote betrachtete sie interessiert. Der eine wirkte mit seiner weiblichen Handschrift persönlich, der andere war vom Amt. Dreieich sah genauer hin. Finanzamt, las er. Aus dem Absender des anderen Briefes schloss er, dass es sich um eine Verwandte der Familie handeln musste. Dreieich sah wieder hoch. Emil Dold schien die Post egal zu sein, er war weiter mit seinem Acker beschäftigt.

»Fahrt ihr wieder Mist, gell? Bei dem schönen Wetter.«

Jetzt blickte Emil erstmals auf. »Gib die Post der Agnes. Die ist drinnen.« Er wandte sich ab und machte mit seiner Arbeit weiter.

Der Postbote schaute enttäuscht. Er betrieb seinen Beruf mit Leib und Seele, und dazu gehörte stets ein kleiner Schwatz mit den Adressaten seiner Briefauslieferungen. Werner Dreieich war nicht nur Geschichtenempfänger, er sorgte auch dafür, dass die Geschichten unter die Leute kamen, und er hätte schon ein bisschen was mitzuteilen gehabt.

Aber hier war heute nichts zu machen. Emil Dold schien keine besonders gute Laune zu haben. Das kam vor. Und Rosa, die Magd, wohl auch nicht. Das wiederum war einigermaßen erstaunlich, denn die Rosa war doch immer gut aufgelegt und fröhlich. Sicher lag es an der vielen Arbeit, und sie waren nur zu zweit. Die Rosa war ja immer so fleißig, das wusste jeder. Die Frau vom Emil hingegen … Da hörte man ja dies und das.

Jetzt verteilte Rosa konzentriert den Mist auf dem Acker und wandte ihm ihren Rücken zu. Na, solche Tage gibt es halt, dachte Dreieich und ging mit den Briefen zur Haustür, wo Agnes ihn mit dem kleinen Säugling auf dem Arm schon erwartete.

Liebe

Wahrscheinlich waren sie sich zur Kirchweih 1948 zum ersten Mal begegnet. Der Lenz, also der Vater von Emil, trank zusammen mit Alfred, dem Vater von Rosa, ein Bier, und so kam eins zum anderen. Als dann auf dem Lenzenhof eine Magd gebraucht wurde – die Bäuerin war schon tot und die Töchter vom Lenz hatten nach Streitigkeiten mit ihrem Vater das Weite gesucht –, fragte Emil bei Rosas Eltern nach. Er saß dort am Stubentisch, trank den eingeschenkten Schnaps und betrachtete wohlwollend die junge Frau, die da zur Tür hereinkam. Und es ist nicht gelogen, wenn man sagt, dass auch Rosa den Emil wohlwollend anschaute.

Gewiss, einen Moment hatten Rosas Eltern schon darüber nachgedacht, ob es für ihre erst neunzehn Jahre alte Tochter das Richtige sei. Allein mit zwei Männern auf einem Hof, da war das Getratsche ja schon vorprogrammiert. Dass es schließlich so ein Ausmaß annehmen würde, hätten Rosas Eltern im Traum nicht gedacht.

Rosa war zu der Zeit auf dem Beha-Hof als Kindsmagd in Stellung, wurde dort aber nicht mehr unbedingt benötigt. Man war sich schnell einig, Rosa einverstanden, und so kam im Februar 1949, gleich nach Maria Lichtmess, endlich wieder eine Frau auf den Lenzenhof.

Kaum dort angekommen, sah sie gleich Handlungsbedarf. In gespieltem Ärger schlug Rosa die Hände zusammen.

»Wann wurde hier denn zuletzt geputzt?«

Sie lachte und schnappte sich den Besen, der unbenutzt neben der Küchentür lehnte. Mit weit ausholenden Schwüngen fegte sie in Nullkommanix durch. Dazu sang sie.

Emil beobachtete derweil im Türrahmen stehend, wie sie mit ihren kräftigen Armen in der Stube für Sauberkeit sorgte. Er wollte eigentlich nicht starren, sondern einfach weitergehen. Aber das ging nicht, er war magisch angezogen von der neuen Magd und ihrem Frohsinn.

Sie gefiel ihm. Sie war kein dürrer Hungerhaken, wie man es gerade bei den Frauen aus der Stadt sah. Denen steckte der Krieg sprichwörtlich noch in den Knochen. Rosa war von kräftiger, gedrungener Statur. Sie wirkte auf Emil ausgesprochen weiblich. Ihre schönen großen Brüste ließen sich durch die weichen Rundungen unter ihrer Bluse und dem Mieder erahnen. Sie hatte eine ausgeprägte Taille, und ihrem wohlgeformten Hinterteil mochte der Jungbauer am liebsten mal einen ordentlichen Klaps verpassen. Bei dem Gedanken bekam er rote Ohren und wandte sich ab.

Rosa fand sich schnell zurecht und lebte sich ein. Sie putzte, kochte, spülte, wusch, bügelte, flickte, fegte, molk, schlug Butter, drosch, fütterte die Tiere, kehrte den Stall, jätete Unkraut, half beim Steinen, beim Heuen, beim Säen, beim Ernten der Frucht und setzte Kartoffeln, als wäre sie schon immer da gewesen. Sie war überall, immer fix, klagte nie, sondern im Gegenteil summte stets ein Lied und strahlte über das ganze Gesicht. Sie schnitt sogar dem alten Lenz die Zehennägel (aber erst, nachdem sie ihn zu einem Fußbad verdonnert hatte). Sie machte sich unentbehrlich. Selbst in Emils Träumen.

*

Das Maiwetter zeigte sich von seiner besten Seite. Die Sonne schien mild, ein leichter Wind wiegte die Grashalme auf der Wiese sanft hin und her.

»Bald können wir heuen«, sagte Emil zu Rosa.

»Wenn das Wetter so schön bleibt«, bestätigte Rosa.

Sie waren auf dem Weg ins Dorf, auf dem Kirchplatz wurde heute das Pfingstfest gefeiert. Die Währungsreform ein Jahr zuvor hatte für volle Regale und Entspannung gesorgt. Jetzt gab es wieder Musik, Tanz und Bier. Der alte Lenz war nach der Vormittagskirche gleich dortgeblieben.

Rosa freute sich unbändig, denn seit sie vor drei Monaten ihre Stellung auf dem Lenzenhof angetreten hatte, hatte sie ihre Eltern und Geschwister nur zweimal kurz nach der Kirche am Sonntag gesehen. Heute war endlich Zeit, alle nach Wochen wiederzutreffen, miteinander zu schwätzen und sich gemeinsam zu amüsieren. Das Pfingstfest war der besondere Höhepunkt der Gemeinde.

Emil freute sich ebenfalls. Er hatte sich fest vorgenommen, Rosa heute zum Tanz aufzufordern. Seit Tagen malte er sich aus, wie sie gemeinsam über die Tanzfläche schwebten. Wie er endlich einen Grund hatte, seinen Arm auf ihren Rücken zu legen. Er sie an sich heranziehen könnte. Ihren Körper spüren. Ihr ins Gesicht schauen, in ihre schönen blauen Augen. Emil beschleunigte seinen Schritt; je früher sie ankamen, desto besser, und Rosa hielt locker mit.

Alle Bewohner des kleines Ortes und aus der Umgebung waren gekommen. Man freute sich, nach den harten Nachkriegsjahren zusammen zu sein und endlich wieder ein bisschen zu feiern. Der Kirchplatz summte von Stimmen und Lachen. Bierkrüge stießen gegeneinander, Bälle wurden gegen Dosen geworfen, Ballwurferfolge beklatscht.

Rosa unterhielt sich angeregt mit ihren Schwestern. Emil hörte ihr lautes, fröhliches Lachen. Er setzte sich zu seinem Vater an den langen Tisch, an dem die Männer der Nachbarhöfe Bier tranken und schwätzten, und ließ Rosa nicht aus den Augen. Jetzt warf sie mit ihren zwei jüngeren Brüdern selbst ein paar Bälle und schaffte es, dass alle Dosen umfielen. Natürlich schafft sie das, dachte Emil, der Rosa fällt doch immer alles so leicht. Als die Mitglieder der Musikkapelle nach den Instrumenten griffen und die ersten Töne produzierten, flatterten in seinem Bauch tausend Schmetterlinge.

Die Trachtentanzgruppe machte den Anfang. Rosa stand ein paar Meter von Emil entfernt und klatschte im Takt. Sie trug heute ein modernes hellrotes Kleid mit weißem Gürtel, das ihre üppige Figur unterstrich, und sah gar nicht aus wie eine Schwarzwälder Magd. Das machte sie für Emil nur noch reizvoller. Jetzt wurde die Tanzfläche eröffnet, die ersten Männer forderten ihre Damen zum Tanz auf. Emil sprang von seiner Bank auf und lief schnurstracks zu Rosa.

»Tanzen wir?«

Rosa strahlte ihn an. »Gern.«

Emil griff ihre Hand und zog sie an sich. Endlich. Er spürte ihren festen, muskulösen Rücken. Ihre Augen glänzten und ihre Mundwinkel lachten, während sie sich im Takt der Musik bewegten. Leichtfüßig, weil alles so leicht war. Emil fühlte sich, als flöge er davon.

»Schau mal, die ganzen Weiber glotzen«, holte ihn Rosa auf den Boden zurück. Mit ihrem Kinn wies sie in Richtung Kirche. »Selbst die Erna ist dabei.«

Emil zog Rosa in die andere Ecke der Tanzfläche. »Lass sie reden, was wissen die schon. Wir machen nichts Verbotenes.«

Emil blickte über seine Schulter zurück. Seiner eigenen Schwester Erna troff das Geschwätz aus dem Mund, und Maria Wöhrle, die dem Lenzenbauern immer bei der Feldarbeit half, war zusammen mit Herta Spiegelhalter die größte Tratschtante überhaupt. Das wusste jeder. Die Vierte im Bunde, Elfriede Katzuleit, die Schlesien-Vertriebene, wollte einfach nur dazugehören und tratschte deshalb kräftig mit. Auch das wusste jeder. Ganz ungeniert hielten die vier Frauen Maulaffen feil.

Rosa lachte unbekümmert wie immer. »Komm, wir zeigen's ihnen. Dass sie was zum Verzählen haben.«

Nach vielen weiteren Tänzen war es Zeit, in den Stall zu gehen. Das Vieh wollte gemolken werden. Lenz blieb sitzen. Das machte nichts, Emil und Rosa waren oft alleine im Stall, wenn dem Lenzenbauern wieder der Bauch so wehtat. Er war ganz empfindlich geworden; dann kochte Rosa für ihn extra eine Hafersuppe zu Mittag, weil er das Gemüse und den Salat nicht essen mochte.

Den Weg zurück zum Hof liefen Emil und Rosa viel langsamer als am Mittag. Sie trödelten. Keiner sagte ein Wort, aber hin und wieder kreuzten sich ihre Blicke, und ihre Hände waren nur Zentimeter voneinander entfernt. Wie Magneten fühlten sie sich voneinander angezogen. Kurz vor der letzten Kehre, bevor es auf die kleine Straße zum Hof ging, griff endlich Emils linke nach Rosas rechten Hand. Beide schauten geradeaus, überwältigt von ihrem Mut, und zufälligerweise kam dort gerade der Postbote Werner Dreieich auf seinem Fahrrad die Straße entlang – natürlich ohne Post, denn es war ja Sonntag. Emil ließ los, und Rosa versteckte ihre Hand verschämt hinter ihrem Rücken und rieb sie, als würde sie brennen.

Der Postbote hielt an. Linker Fuß auf dem Boden, rechter auf der Pedale, Hände am Lenker, so stand er da und wartete, dass die zwei näher kamen.

»Salli, Emil«, grüßte er freundlich. »Was für ein schöner Tag heute, gell?«

»Ja, ein wunderbarer Tag«, bestätigte Emil.

»Bald können wir heuen, wenn es so bleibt.«

»Ja«, nickte Emil.

»Schönen Abend miteinander.« Werner Dreieich zwinkerte den beiden zu, gab sich mit seinem linken Fuß auf dem Boden Schwung, setzte sich zurück auf den Sattel und radelte davon.

»Schönen Abend«, riefen ihm Emil und Rosa zeitgleich hinterher. Dann schauten sie sich an und kicherten.

Sie kicherten so, wie es nur Verliebte taten.

Rosa setzte sich auf den Melkschemel und fing an, die erste Kuh zu melken. Wie immer summte sie dazu. Emil konnte den Blick nicht von ihr lassen, während er das Heu vor die Kühe warf. Er war nervös. Und Rosa, das sah er ganz genau, war es auch, egal, wie schön sie summte.

Später stellte sie in der Stube Speck und Brot auf den Tisch.

»Ich hab eigentlich gar keinen Hunger«, bemerkte Emil.

»Ich auch nicht«, erwiderte Rosa, »aber es ist ja Essenszeit.«

Sie setzten sich gegenüber, Rosa blinzelte in die Abendsonne und konnte Emil, der vor dem Fenster saß, kaum erkennen, während Emil an nichts anderes dachte, als dass er diese Lippen der ihm gegenüber ins rechte Licht gerückten Rosa küssen wollte. Hastig sprang er nach ein paar Bissen auf und sprach das Gebet, das die Mahlzeit beendete, obwohl noch genug auf dem Tisch stand. Rosa hatte keine Einwände.

Sie trug alles zurück in die Küche und ließ den Abwasch einfach stehen. Stattdessen nahm sie ihre Schürze ab, strich den Rock ihrer Arbeitstracht glatt und griff nach Emils ausgestreckter Hand, der sie nun die Treppe hinaufzog, ganz vorsichtig und leise, damit die Stufen nicht knarrten. Dabei waren sie doch ganz allein im Hause, der Lenz noch auf dem Fest. Doch die beiden ahnten, dass jetzt etwas Großes, Ungehöriges passieren würde und dass niemand außer ihnen das gut finden würde, der Altbauer nicht, die katholische Kirche nicht, Rosas Eltern nicht, und darum sollte es besser keiner wissen.

Emil stieß die Tür zu seiner Kammer auf. Sie quietschte so laut, dass Rosa nervös auflachte. Innen schaute Emil seiner Magd lange ins Gesicht. Wie schön sie ist, dachte er. Rosa wurde schließlich rot und wich seinem Blick aus. Emil drückte seine Lippen auf Rosas, so, wie er es sich immer gewünscht hatte, und er fand, dass es sich noch besser als in seinen wochenlangen Vorstellungen anfühlte. Erst zögerte sie, doch dann gab sie nach. Er legte den Arm um ihre Hüfte und zog sie an sich.

Rosa war überrascht, als sie Emils Zunge in ihrem Mund spürte. Sie wusste nicht, was das war, Küssen, aber nach der ersten Schrecksekunde war ihr wohl und sie genoss es. Sie hatte nichts dagegen, dass Emil ihren Körper streichelte, das Mieder öffnete, seine Hand unter ihren Rock glitt. Beide waren eins in ihren Bedürfnissen, und Rosa vertraute Emil vollkommen, dass er das Richtige tat. Sie war erstaunt, wie wenig Angst sie hatte. Emil war zärtlich und vorsichtig, als er sich auf sie legte; und ihre Empfindungen entsprachen so gar nicht dem, was ihre älteste Schwester Irma ihr mit verächtlicher Miene vom Ehevollzug berichtet hatte. Und irgendwie war es Rosa auch egal, dass sie und Emil ja gar nicht verheiratet waren.

Schließlich schlief Emil in ihren Armen ein, während Rosa seinen Nacken streichelte, beseelt davon, was passiert war. Draußen dämmerte es, in der Kammer herrschte ein letztes Zwielicht. Gleich kommt bestimmt der Lenz, dachte Rosa. Sie zog ihren Arm unter Emils Kopf hervor, schwang die Beine über die Bettkante und richtete sich auf. Emil hielt sie fest.

»Bleib.«

Sie entzog sich seinem Griff. »Nein, es ist besser, wenn ich jetzt gehe. Dein Vater kommt sicher gleich.«

Bei aller Verzauberung der letzten Stunden hatte sie Angst vor der Reaktion des alten Lenz. Sie nahm ihre Schuhe in die Hand und schlich aus der Kammer. Die

Tür, so kam es ihr vor, quietschte noch lauter als zuvor. Einen Moment wartete sie ab, doch sie hörte nichts. Erst als sie sich gerade in ihr eigenes Bett in der Gesindekammer über dem Stall gelegt hatte, vernahm sie, wie Lenz unten schwerfällig die Haustür öffnete.

Waren Emil und Rosa fortan allein, feierten sie ihre Liebe. Jeden Abend kam Emil zu Rosa in die Kammer, denn ihre Tür quietschte nicht, und so war es unauffälliger. Manchmal blieb er die ganze Nacht. Sie konnte es kaum abwarten, lag in ihrem Nachthemd da und lauschte auf das Knirschen der Dielen. Leise, ganz leise legte er sich zu ihr in das schmale Bett. Ganz langsam suchten ihre Hände den Körper des anderen ab, als hätten sie alle Zeit der Welt. Sachte, ganz sachte war Emil, wenn er in sie eindrang. Jedes Mal passte er auf, dass nichts passierte. Und Rosa, die von solchen Sachen keine Ahnung hatte, glaubte ihm.

*

Natürlich war Rosa eine tüchtige und gottesfürchtige Frau. Sie war aufgewachsen im tiefen katholischen Glauben, ihrem göttlichen und weltlichen Herrn zu dienen und sich recht und tugendhaft zu verhalten. Seit sie denken konnte, gehörte der sonntägliche Kirchgang zu ihrem Leben. Seit ihrer Kommunion ging sie regelmäßig alle paar Wochen zur Beichte. Doch eben weil sie so tugendhaft und ehrsam lebte, hatte es bis dato wenig zu beichten gegeben. Als Jugendliche etwas Groll auf die großen Geschwister oder eine ungeduldige Hand gegenüber den jüngeren. Als Magd beim Beha-Bauern ein stibitztes

Stück Kuchen. Solche Sachen, die Rosa im Beichtstuhl dann ernsthaft bereute.

Jetzt war sich die junge Frau bewusst, dass sie tatsächlich eine große Sünde begangen hatte und damit nicht einmal aufhörte. Ihr Kopf drängte sie zur Beichte. Ihr Bauch jedoch trödelte bei der Entscheidung. Rosa spürte einen seltsamen Zwiespalt: Sie wusste, dass ihr Verhalten aus kirchlicher Sicht inakzeptabel war. Sie sollte ein schlechtes Gewissen haben und vor allem aufhören mit ihrem unchristlichen, tugendlosen Verhalten. Doch sie genoss die nächtlichen Zusammentreffen mit Emil derart, dass sich die Sünde viel zu süß anfühlte, um überhaupt an Beichten zu denken.

Der Pfarrer nahm ihr die Entscheidung, in den Beichtstuhl zu treten oder nicht, schließlich ab. Nachdem er sie schon Monate dort nicht gesehen – oder sollte man besser sagen: gehört – hatte, hielt er sie eines Sonntags Anfang August nach dem Gottesdienst am Arm fest.

»Rosa«, fragte er jovial, »ich habe dich gar nicht mehr außerhalb unserer Gottesdienste gesehen. Wie geht es dir?«

»Danke, gut.« Rosa strahlte ihn an.

Die Rosa ist ja immer so fröhlich, dachte der Pfarrer bei sich, aber hier stimmt doch etwas nicht. Er hatte ein gutes Gespür für unchristliches Verhalten.

»Du warst schon lange nicht bei der Beichte.«

»Ja, ich weiß.« Rosa drehte den Kopf zu Seite, um dem prüfenden Blick des Gottesmannes auszuweichen. »Ich hatte ja gar keine Zeit. Meine neue Stellung bringt sehr viel Arbeit mit sich. Da gab es gar keine Möglichkeit, etwas anzustellen, was der Beichte bedarf.«

»Sicher.« Der Pfarrer lächelte mild. »Aber wenn du mal wieder dein Gewissen erleichtern willst …«

Rosa nickte demütig. »Natürlich, Herr Pfarrer.«

Ihre christliche Erziehung war in jede Faser ihres Körpers eingewoben. Sie wusste, dass sie beichten musste. Es gehörte sich einfach. Die nächsten Tage verbrachte Rosa damit, sich zu überlegen, was sie dem Geistlichen erzählen sollte. Unter keinen Umständen durfte ihr Verhältnis zu Emil ruchbar werden, doch fehlte ihr die Fantasie, sich vorzustellen, wie sie das Thema umschiffen konnte. Reichlich nervös betrat sie schließlich den Beichtstuhl.

Der Pfarrer zog auf der anderen Seite den Vorhang zurück.

Rosa bekreuzigte sich. »Gelobt sei Jesus Christus in Ewigkeit, Amen.«

»In Ewigkeit, Amen. Was führt dich her?«

»In Demut und Reue bekenne ich meine Sünden.«

Rosa stockte, das Weitersprechen fiel ihr schwer. Der Pfarrer hatte keine Eile, er drängte sie nicht.

»Ich … ich habe mich verliebt.«

»Die Liebe an sich ist nichts Schlechtes, doch solltest du tugendhaft sein und dich nicht verführen lassen.«

»Nein, das ist es nicht. Aber … ich muss immerzu an ihn denken. Tag und Nacht. Ich habe … sündige Gedanken.«

»Du sollst ehrfürchtig und keusch leben, solange du nicht in einer Ehe bist«, erklärte der Geistliche.

»Ich weiß, aber es fällt mir schwer. Ich …«, Rosa hielt kurz inne und überlegte, was sie zugeben sollte, »ich kann nicht widerstehen, er …«

Auf der anderen Seite der Wand rumpelte es. Rosa schaute hoch und spitzte die Ohren. Es klang, als wäre der Pfarrer vom Stuhl gefallen.

»Also«, er räusperte sich, und Rosa drückte ihr Kreuz durch.

»Ich bereue, dass ich Böses getan und Gutes unterlassen habe. Erbarme dich meiner, oh Herr«, flüsterte sie schnell, bevor der Pfarrer sich wieder berappelt hatte.

»Äh … Gott, der barmherzige Vater, hat durch den Tod und die Auferstehung seines Sohnes die Welt mit sich versöhnt und den Heiligen Geist gesandt zur Vergebung der Sünden. Durch den Dienst der Kirche schenke er dir Verzeihung und Frieden. So spreche ich dich los von deinen Sünden. Im Namen des Vaters und des Sohnes und des Heiligen Geistes«, ratterte der Geistliche seinen Text herunter.

Mehr wollte er von Rosas sündigen Gedanken und Taten nicht hören, und sie war froh drum.

»Danke. Amen. Auf Wiedersehen, Herr Pfarrer.«

»Das musst du nicht tun, Rosalein.« Emil küsste ihren Nacken. Seine Lippen glitten weiter nach unten, über ihre üppigen Brüste auf ihren fülligen Bauch. »Der Pfaffe hat doch eh keine Ahnung davon, was Liebe zwischen Mann und Frau bedeutet.« Er hob den Kopf. »Echte Liebe.«

»Aber es gehört sich nicht, und ich möchte ein reines Gewissen haben«, entgegnete Rosa.

»Ist ja recht. Er soll bloß nicht auf die Idee kommen, dass ich das bin.«

Emil senkte wieder den Kopf und fuhr mit dem Küssen fort. Rosa schloss die Augen und genoss jeden Augenblick.

Zuversicht

Emil machte Rosa Komplimente. Sie verzehrten sich mit Blicken. Alle Arbeit verrichteten sie gemeinsam. Rübenacker, Kartoffelacker, Tenne, Stall, Schopf, Heuboden – sie waren überall gemeinsam. Lediglich in die Küche kam Emil nie, dort hatte ein Mann seiner – und Rosas – Meinung nach nichts zu suchen. Sie versprachen sich das Blaue vom Himmel. Es fehlte eigentlich nichts zu ihrem Glück. Nur ein Trauschein.

»Ich möchte keine andere als dich«, erklärte Emil wieder eines Nachts und streichelte Rosas Arm. Auf dem Nachttisch in ihrer Kammer flackerte sanft eine einzelne Kerze in einer Laterne. Bloß nicht zu viel Licht machen, damit der Lenz nichts mitbekam.

»Dann heirate mich«, flüsterte Rosa mutig. Emil sah ihr Lächeln im Kerzenschein.

»Willst du mich denn überhaupt heiraten?«, fragte er zurück.

Rosa stockte für einen Moment. War das nun ein Antrag, eine ernst gemeinte Frage?

»Natürlich … Wenn du es auch willst. Willst du es denn?«

»Ich will dich heiraten«, antwortete Emil leise. »Ja. Ja, ich will. Aber ich brauche das Einverständnis meines Vaters. Du weißt schon, der Hof … Er wird wollen, dass es eine gute Partie ist.«

Rosa antwortete nicht und drehte den Kopf weg. Sie hatte es schon verstanden: Sie war nur die Magd. So sehr Emil sie auch lieben mochte, sie brachte zu wenig mit, um eine ernsthafte Bewerberin zu sein. Sie stammte von einem kleinen Hof, ihre Eltern waren rechtschaffene, ehrbare Leute. Aber sie hatten nicht viel, außer vielen Kindern. Zehn Geschwister hatte Rosa. Für sie fiel keine große Mitgift ab.

Und doch: Emil liebte sie. Sie spürte es deutlich. Und sie liebte ihn. Sie sehnte sich nach ihm. Jede Minute wollte sie mit ihm zusammen sein. Das nannte man doch Liebe, oder? Warum sollte nicht die Liebe siegen? Sie dachte an das Hohelied aus der Bibel, das sie auswendig konnte, jetzt wisperte sie es ihm in sein Ohr: »Die Liebe ist langmütig, die Liebe ist gütig … Sie erträgt alles, glaubt alles, hofft alles, hält allem stand.«

Ja, so war es. Sie müssten einfach nur kämpfen, zu ihrer Liebe stehen. Wer wollte etwas dagegen haben?

»Dein Vater mag mich«, fuhr Rosa nach einer Weile fort, nachdem Emil einfach still blieb. »Ich bin fleißig und ehrlich. Das bringe ich mit. Vielleicht kein Land und kein Geld, aber ich kann hart arbeiten und mich um den Hof kümmern. Das beweise ich jeden Tag.«

»Ja, das tust du.« Emil küsste ihre Wange.

Eine Weile schwiegen sie. Schließlich fuhr er mit seiner Hand ihre Hüfte und ihr Bein entlang und spürte, wie ihn die Lust erneut überkam. Sein Atem beschleunigte sich.

»Ich kümmere mich, Rosalein, Liebste, glaub mir. Ich versprech's dir.«

Rosa antwortete auf seine Küsse, genoss seine Liebkosungen, öffnete willig ihre Schenkel, und natürlich glaubte sie ihm. Sie ahnte ja nicht, wie viele wertlose Versprechungen schon im Bett gemacht wurden.

Tagelang suchte Emil nach der passenden Gelegenheit, um mit seinem Vater zu sprechen. Wenn man es genau nahm, dann suchte er nicht, sondern er wartete ab. Er traute sich einfach nicht.

Denn der Lenz war ein Schwarzwälder Bauer vom alten Schlag. Er war der Herr im Hause, nur er hatte das Sagen. Das war auch jetzt noch so, obwohl Emil schon dreißig Jahre alt war und der Einzige, der als Hofnachfolger infrage kam. Sein Bruder, der als Erbe vorgesehen war, war aus dem Krieg nicht zurückgekommen, und auf seine Rückkehr zu warten schien zwecklos zu sein. Ansonsten gab es noch vier Schwestern, und sie waren alle aus dem Haus gegangen, hatten geheiratet oder sich auswärts als Magd verdingt. Keinesfalls wollten sie im Elternhaus bleiben, denn der Lenz war zu seinen Töchtern nicht gerade gnädig. Kurz, Emil hätte allen Grund gehabt, Selbstbewusstsein zu zeigen.

Es war nicht nur die Angst vor dem strengen Vater, die ihn zum Drückeberger machte. Es waren auch eigene Überlegungen. Zwar schämte er sich ihrer. Und doch war er Bauer genug, um zu wissen, dass es seine zukünftige Aufgabe war, für den Zusammenhalt und das Auskommen seines Hofguts zu sorgen. Der alte Lenz hatte nicht gerade gut gewirtschaftet und war großzügig, wenn er ins Gasthaus ging. Auch bestimmten Frauen war er nie abgeneigt. So viel wusste Emil.

Emil wusste auch, dass es bald eine Entscheidung geben müsste, denn er war schon spät dran. Und er wusste, dass es galt, das Hofgut zusammenzuhalten. Doch je länger er darüber nachdachte, desto sicherer war er schließlich, dass er mit niemand anderem als Rosa verheiratet sein wollte. Es musste gehen, Punkt!

Noch bevor er allen Mut beieinanderhatte, um die

Gedanken um eine vermeintlich gute Partie beiseitezuwischen und selbst das Gespräch über eine Heirat mit Rosa zu suchen, kam sein Vater ihm zuvor. An einem trüben Novembertag holte er die Schnapsflasche aus dem Schrank und wies seinen Sohn an, am Stubentisch Platz zu nehmen.

»Wir müssen über die Hofnachfolge sprechen«, sagte er.

»Ich weiß«, erwiderte Emil. »Ich wollte schon mit dir sprechen wegen … Ich will … mit Rosa …«

»Es ist mir egal, was du mit der Magd treibst«, unterbrach Lenz ihn unwirsch. Er goss zwei Schnapsgläser voll und schob eines seinem Sohn zu. »Sie ist ein tolles Weib. Aber zum Heiraten ist sie nicht geeignet.« Er hob sein Glas. »Und das weißt du.«

»Ich will aber Rosa. Ich liebe sie.« Emil leerte schnell seinen Schnaps und fühlte sich mutig. »Sie ist die Einzige, die infrage kommt.«

»Ach was, Liebe.« Der Altbauer schnaubte verächtlich. »Liebe vergeht, Hektar besteht. So ist das.«

Ja, so war das. Emil kannte den Spruch. Jetzt wusste er nicht, was er darauf antworten sollte. Er brachte kein Wort heraus. Er wünschte sich, er könnte gegenüber seinem Vater besser die Stimme erheben. Sonst ging es doch auch.

»Die Agnes vom Sägewerk. Die ist eine gute Partie«, erklärte Lenz.

Emil machte große Augen. »Die Agnes ist bestimmt schon fünfunddreißig«, entgegnete er und schüttelte heftig den Kopf. »Das kann doch nicht dein Ernst sein.«

»Dreiunddreißig«, korrigierte Lenz.

»Die ist älter als ich«, stellte Emil fassungslos fest. »Warum ist sie wohl noch nicht unter der Haube, hä? Sie ist klapprig wie ein Sack voll Hirschgeweih. Dürr wie ein toter Zweig! Die soll ich allen Ernstes nehmen?«

»Das Alter spielt doch keine Rolle. Das Aussehen auch nicht. Agnes ist noch jung genug. Sie ist die beste Partie, die du noch haben kannst. Wir müssen das Gut zusammenhalten. Sei überhaupt froh, dass sie dich haben will. Also, worauf warten wir?« Lenz schenkte noch einmal nach. »Ich hätte es schon viel früher in die Wege leiten müssen.«

»Willst du mit Absicht mein Leben zerstören?«, fragte Emil entsetzt.

»Pfff«, machte der alte Lenz. »Es geht nicht um dich. Es geht um den Hof. Sagte ich doch gerade.«

»Ich wollte doch ... ich will die Rosa«, wagte Emil einen zweiten zaghaften Versuch. »Die Rosa ist eine gute Kraft. Da wissen wir doch, dass sie sich gut um den Hof kümmern wird.«

Er ahnte, dass es zwecklos war.

Lenz nahm einen Schluck aus dem Glas und schüttelte sich. »Ja sicher, sie kann ja auch bleiben. Natürlich, sie soll bleiben. Und was du sonst mit ihr machst – das soll mir egal sein.«

Jetzt erhob er sich und schlug seinem sitzenden Sohn auf die Schulter. »Also, dann rede ich mal mit Agnes' Vater, dem Clemens, gell?«

Emil antwortete nicht und schaute konzentriert auf den Stubentisch. Mit dem rechten Zeigefinger fuhr er nervös die Maserungen entlang. Er kam sich gar nicht wie ein Hofnachfolger vor, eher wie ein Kind, das einen Streich gespielt hatte und bestraft wurde.

»Wir sollten alles schnell in die Wege leiten, denn viel Zeit bleibt mir nicht.«

Emil blickte erstaunt hoch. »Wie? Was meinst du?«

»Jetzt schau nicht so!« Lenz beugte sich vor und senkte die Stimme. »Ich hab Krebs. Wer weiß, wie lang ich noch da bin. Aber solange ich leb', will ich meinen Hof noch gut übergeben wissen. Ist das klar?«

»Ja, Vater.« Emil zog den Kopf ein.

Rosa sagte gar nichts, sondern saß nur da auf ihrer Bettkante, während Emil aufgeregt in ihrer Kammer hin und her lief. »Jetzt ist Schluss mit der Heimlichkeit«, hatte er gesagt, als er kam, und hatte die Tür extra laut geschlossen. Rosas Herz tat einen Hüpfer.

»Oh, Emil, wie schön«, rief sie aus. »Dann können wir …«

»Nicht, was du denkst«, unterbrach Emil sie unwirsch. »Die Agnes vom Sägewerk, die soll ich nehmen! Um Gottes willen, was denkt der Alte sich?«

»Die Agnes vom Sägewerk?«

Man kannte sich hier. Rosa wollte nicht glauben, was sie hörte.

»Aber ich will das nicht.«

»Dann tu es nicht.«

»Wie soll das gehen, Rosa, hä? Sag es mir, wie?«

Rosa zog hilflos die Schultern hoch und ließ sie wieder fallen.

»Herrgott, was mach ich bloß?« Emil blickte Rosa an, die ihm wie ein Häufchen Elend auf ihrer Bettkante erschien. Er kniete vor ihr. »Bitte, Rosa, Rosalein, auch wenn ich dich nicht heiraten darf, ich bitte dich: Bleib hier auf dem Hof, bleib bei mir.«

Er bettelte fast wie ein kleiner Junge. Rosa strich über seinen Kopf und starrte in die Ferne. Sie hatte sich alle Hoffnungen gemacht. Zu Recht, wie sie fand. Und jetzt sollte sie dableiben und der neuen Bäuerin bei der Arbeit helfen. Ob das gut ging?

Emil legte derweil seinen Kopf auf ihren warmen, fülligen Busen und spürte sogleich die Lust in seinen Lenden wachsen. Es war wie immer. Sobald er Rosa berührte, machte es ihn verrückt. Er küsste ihren Hals, zerrte ungeduldig an ihrem Mieder, warf sie aufs Bett. Wie sehr er diese Frau begehrte!

Rosa hatte keine Zeit mehr, weiterzudenken. Zumal Denken leider viel zu wenig ihre Sache war. Sie genoss sein Verlangen, seine Lust. Sollte sie bleiben oder gehen? Es war für Rosa eigentlich keine Frage. Wo sollte sie denn hingehen? Und wie konnte sie überhaupt gehen, wenn sie doch so geliebt wurde?

*

Jetzt ging alles ganz schnell. Lenz zog noch am selben Tag aus der Bauernschlafkammer aus und Emil ein. Jede Nacht lag er nun dort mit Rosa zusammen. Als wären sie ein Ehepaar. Es war ihm egal, was der Vater dachte. Und Lenz war es egal, was sein Sohn mit der Magd trieb, solange die Ertrag versprechende Ehe bald vollzogen würde. Sollte er sich doch ruhig vorher die Hörner abstoßen. Das hatte noch niemandem geschadet – solange er darauf achtete, keinen Bastard in die Welt zu setzen.

Lenz sprach mit dem Sägewerksbesitzer Clemens Faller, und sie wurden sich einig. Emil führte seine zukünftige Frau Agnes einige Male aus, weil es die Höflichkeit gebot. Sie gingen ins Kino nach Neustadt, was den Vorteil hatte, dass sie gar nicht miteinander sprechen mussten. Agnes saß stocksteif neben ihrem Bräutigam und wagte lediglich, die Finger auf ihrem Oberschenkel auf- und abzuspreizen. Ganz leicht touchierte sie Emils Bein mit dem kleinen Finger in der Hoffnung auf eine Reaktion. Emil tat, als würde er das nicht mitbekommen. Kehrte er schließlich nach Hause zurück, klammerte er sich verzweifelt an die schon im Bett liegende Rosa.

Der Hochzeitstermin wurde auf Mitte Februar 1950 festgelegt. Kaum waren die Vorbereitungen im Gange, der Schreiner mit dem Ehebett beauftragt, der Gastraum im Kreuz reserviert, ließ die Kraft des Altbauern spürbar nach. Er verließ das Haus nicht mehr, aß kaum noch, und oft genug spuckte Lenz das gerade Gegessene unmittelbar in eine Schüssel, die Rosa stets vorausschauend am Ende der Sitzbank am Fenster platzierte und, wenn sie gefüllt war, zügig auf dem Misthaufen ausleerte. Nach den Weihnachtstagen verließ Lenz das Bett gar nicht mehr, und es war an Rosa, ihm täglich etwas Milch oder Tee einzuflößen, ihn mit gestampften Kartoffeln zu füttern und bei Bedarf eine Bettpfanne unter seinen Hintern zu schieben. Emil ließ sich in der Kammer fast nie blicken.

»Bis zur Hochzeit halt ich durch«, ächzte Lenz, während er auf der Seite lag und Rosa ihm mit einem warmen

Waschlappen Rücken und Gesäß wusch. Am Steiß klaffte vom langen Liegen schon ein großes Loch, und der Arzt Doktor Allmann hatte Rosa erklärt, wie sie die Wunde versorgen und den Kranken lagern sollte. Sogar in der Nacht stand sie dafür auf und stellte sich einen Wecker.

»Natürlich, das ist ein großer Tag«, antwortete sie jetzt und wrang den Lappen in der Schüssel aus. Innerlich hoffte sie etwas anderes. Wenn der Lenz vorher stürbe, würde Emil vielleicht dann …

Ach, ich sollte solche Gedanken überhaupt nicht zu Ende führen, schalt sie sich selbst. Und doch, sie dachte es, und Emil sprach es sogar aus.

»Wenn er rechtzeitig den Löffel abgibt, mache ich diese ganze Hochzeit rückgängig«, erklärte er, und Rosa strahlte ihn an.

Am nächsten Morgen verweigerte der Altbauer den Brei, und als Rosa seinen abgemagerten Körper auf die Seite drehte, griff er mit schwacher Hand nach ihrem rechten Arm.

»Der Emil hätte dich verdient, das weiß ich wohl«, flüsterte Lenz angestrengt. »Aber es geht nicht. Wir brauchen die Mitgift.«

»Ich weiß«, antwortete Rosa genauso leise.

»Versprichst du mir, dass du dich um ihn und seine Frau kümmerst, wenn ich nicht mehr da bin?«

Rosa hielt in der Bewegung inne und schloss kurz die Augen. »Ich verspreche es«, sagte sie dann.

»Gutes Maidle.« Die knorrige Hand des Alten tätschelte leicht ihr Hinterteil. »Ich wusste, dass du etwas ganz Besonderes bist.«

»Und?«, fragte Emil, als Rosa aus der Schlafkammer kam. Er stand am Treppenabsatz und hatte auf sie gewartet.

»Nicht mehr lang«, antwortete sie.

Es war Mitte Januar, noch vier Wochen bis zur Hochzeit. Im Hausflur war es eiskalt.

»Langt es?«, wollte Emil ungeduldig wissen.

»Das weiß nur Gott«, erwiderte Rosa, »aber ich denke schon.«

Sie erschrak bei diesen Worten und nahm sich vor, gleich morgen zur Beichte zu gehen.

*

Der alte Lenz tat ihnen den Gefallen. Als Rosa fünf Tage später am Morgen nach ihm schaute, lag er tot in seinem Bett. Seine Augen waren weit geöffnet, als hätte er in seinen letzten Atemzügen noch ein ernstes Gespräch mit seinem himmlischen Gebieter geführt. Rosa bekreuzigte sich und dankte dem Herrgott, dass er den Lenz erlöst hatte. Dann nahm sie vorsichtig dessen knochigen Hände und faltete sich ineinander, legte einen Rosenkranz darein. Erst dann ging sie zu Emil.

Emil sorgte dafür, dass die Totenwache auf ein Minimum begrenzt wurde und die Beerdigung schon am nächsten Tag stattfand. Er hatte es eilig. Von seinen vier Schwestern kamen nur drei, die älteste lebte in Villingen und sah keinen Grund, nach Übermittlung des Telegramms alles stehen und liegen zu lassen. Sie hatte es wie ihre Schwestern beim Lenz nicht gut gehabt, und ihr Groll reichte über dessen Tod hinaus.

In der Kirche nahm Rosa, die dem alten Lenz die Zehennägel geschnitten, seine Windeln gewechselt, ihn gelagert und täglich das Essen eingeflößt hatte, auf der hintersten Bank ihren Platz ein. Für sie war es der natürlichste Ort im Gotteshaus, sollten vorne doch andere Mitglieder der Gemeinde sitzen, die sich mehr in den Vordergrund spielten. In der ersten Reihe saß die Trauerfamilie: Die drei Schwestern mit ihren Ehemännern und Kindern, und direkt neben Emil entdeckte Rosa die hagere Agnes und deren Eltern. Es gab ihr einen Stich, aber Agnes, dachte sie, konnte sicher nichts dafür und Emil schon gar nicht.

Später, als alle am Grab defilierten, hatte Rosa das Gefühl, dass Erna, die Schwatzbase, sie unter ihrem schwarzen Hut ganz genau musterte, als die Magd ihr Beileid ausdrückte. Auf den nachfolgenden Besuch im Gasthaus verzichtete Rosa. Irgendjemand musste sich auch jetzt, in diesen schweren Stunden, um Haus und Hof kümmern. Rosa molk alle Kühe und die zwei Ziegen, warf ihnen Heu vor die Mäuler, kehrte den Mist, fütterte die Schweine, schickte das Federvieh ins Hühnerhaus und schnitt sich zuletzt, als endlich alles erledigt war, eine Scheibe Brot vom Laib herunter. Mehr brauchte sie nicht, sie hatte keinen Hunger. Sie war traurig und aufgeregt zugleich.

Es war schon lange dunkel, als Emil schließlich nach Hause kam. Rosa erwartete ihn im großen Ehebett in der bäuerlichen Schlafkammer. Sie spürte sofort, dass Emil getrunken hatte. Stürmisch näherte er sich ihr von hinten, legte seinen linken Arm um ihre Taille und fuhr mit der Hand ihren Schenkel herunter.

»Ich habe dich vermisst«, flüsterte er. »Jetzt sieht uns niemand, und wir können tun und lassen, was wir wollen.« Er küsste ihren Nacken. »Und gleich morgen, nein, besser übermorgen, nicht direkt nach der Beerdigung, gehe ich zum Clemens und kündige die Hochzeit auf.«

In der Dunkelheit konnte Emil nicht sehen, wie die Mundwinkel von Rosa nach oben zeigten. Oh, Emil, dachte sie. Wusst' ich's doch, dass ich mich auf dich verlassen kann. Ich liebe dich so sehr.

Sie drehte sich zu ihm um. »Ich liebe dich«, flüsterte sie.

»Ich dich auch«, flüsterte er zurück und legte sich auf sie.

Emil hielt Wort. Er konnte es selbst kaum abwarten, die Hochzeit mit Agnes, die schon öffentlich ausgehängt war, abzublasen. Zwar tat sie ihm leid, aber das war doch nicht sein Problem. Er war ja genau wie sie vor vollendete Tatsachen gestellt worden, und sicher hatte sie längst bemerkt, dass sie beide gar nicht zusammenpassten. Sie war bestimmt nicht traurig, so abwehrend, wie er sich seiner zukünftigen Braut gegenüber verhalten hatte. Emil nahm sich vor, sich bei Agnes zu entschuldigen. Überhaupt würde er alle Schuld auf sich nehmen; Hauptsache, er käme aus dieser Angelegenheit heraus, bevor es zu spät war. Der Fall war für ihn jetzt klar. Er dankte Gott im Himmel, dass dieser ein Einsehen und seinen Vater noch rechtzeitig zu sich geholt hatte. Dass er seine Rosa heiraten konnte, ohne irgendjemanden zu fragen. Denn jetzt war er der Lenzenbauer.

Ungefähr so trug Emil es beim Sägewerkbesitzer Clemens Faller vor, während von draußen beständig das Sirren der Sägen in die Stube drang. Er formulierte es freundlicher und höflicher als in seinen Gedanken, aber in der Sache bestimmt, und, na ja, dass er gedachte, seine Magd Rosa zu ehelichen, erwähnte er gar nicht. Besser so, dachte er. Während Agnes den Kopf senkte und wirkte, als würde sie das Atmen einstellen, schaute Clemens Faller nach dieser Ansprache erst einmal lange aus dem Fenster und sagte nichts.

Als Emil schon nervös wurde, drehte Clemens endlich den Kopf zurück in den Raum.

»Agnes, bitte verlass die Stube«, befahl er ruhig.

Seine Tochter hatte rein gar nichts dagegen und sah zu, dass sie der unangenehmen Situation entkam. Ohne den Kopf zu heben, hastete sie an Emil vorbei.

»Weißt du, Emil«, sagte Clemens, nachdem die Stubentür ins Schloss gefallen war, »ich konnte deinen Vater immer gut leiden. Aber bei dir bin ich mir nicht so sicher.«

Er schaute Emil direkt in die Augen. »Ich habe der Hochzeit zugestimmt, weil der alte Lenz mich darum gebeten hatte. Weiß Gott, warum ich das getan habe. Ich weiß aber, wie es um die Finanzen eures Hofes bestellt ist. Deines Hofes. Dein Vater hatte gewisse … Schwächen. Du scheinst davon ja keine Ahnung zu haben.«

Emil erschrak, doch es hielt ihn nicht ab, an seinem Entschluss festzuhalten. Noch nicht.

»Selbst wenn er mir Schulden hinterlässt, so kann mein Vater nicht mehr über mich bestimmen. Deswegen sage ich die Hochzeit ab«, erklärte er mit fester Stimme.

»Hm.« Clemens schwieg und schaute wieder aus dem Fenster. Es sirrte, fein und gleichmäßig.

»War's das?«, fragte Emil ungeduldig.

»Warte noch einen Moment.« Jetzt lächelte Clemens leicht. »Im Krieg, wo warst du da? Bessarabien? Rumänien, gell?«

»So ist es. Bis zu meiner Verletzung 1944. Und dann war ich in russischer Gefangenschaft.« Emil wunderte sich, in welche Richtung sich das Gespräch auf einmal bewegte. Er redete nicht gerne über seine Kriegserlebnisse. Mit niemandem. Und das sollte auch so bleiben. Er stand auf.

»Oberfeldwebel, nicht wahr?«

»So ist es«, wiederholte Emil und wandte sich zum Gehen.

»Deine Einheit war in Iași. 1941.«

Emil blieb stehen und drehte sich wieder zum Sägewerkbesitzer. »Ja.«

Zum Teufel mit Iași, dachte er innerlich. Was soll das?

»Pogrom von Iași«, erklärte Clemens, »dreizehntausend tote Juden. In einer Nacht. Und den Rest deportiert.«

»Das waren die Rumänen.«

»Mit Unterstützung deutscher Einheiten. Deiner Einheit.«

»Es waren die Rumänen!«

In der Stube herrschte für einen Moment gespannte Stille. Clemens sah Emil drohend an.

»Du weißt genauso gut wie ich, dass ihr euch alle am Schlachten beteiligt habt, ihr … sogenannten Helden! Gerne und ohne Aufforderung. Ihr in eurem Blutrausch. Du warst dabei, als Oberfeldwebel! Und du weißt auch, dass die französische Besatzung ganz wild darauf ist, Kriegsverbrecher wie dich dingfest zu machen.«

Emil schwieg. Es gab nichts zu sagen. Vor seinen Augen tauchten die Bilder jener Nacht auf, die er für immer vergessen wollte. Das Sirren der Sägen erschien ihm auf einmal ganz laut. Er wüsste gerne, woher Clemens diese Informationen über ihn hatte. Erna fiel ihm ein, die immer alles allen erzählen musste. Ja, das war bestimmt Erna gewesen, wer sonst. Und jetzt?

»Untersteh dich, die Hochzeit abzusagen«, drohte Clemens offen. »Wenn du meiner Agnes diese Schande zumutest, dann hetz ich dir die Franzosen auf den Hals. Dann bist du erledigt. Ist das klar?«

Emil sagte nichts, senkte den Kopf, betrachtete ausführlich den Stubenboden und überlegte, wie er sich aus der Situation retten konnte.

»Habe ich mich klar ausgedrückt?«, herrschte Clemens ihn an.

»Ja«, antwortete Emil. Dann schlich er sich vom Hof.

Rosa erwartete ihn mit einem breiten Lächeln, doch Emil stieß sie zurück. Als sie seine schlechte Laune sah, beeilte sie sich, den Schnaps zu holen und Emil einzuschenken.

»Was ist?«, fragte sie vorsichtig.

»Hau ab«, brüllte Emil sie an und machte eine entsprechende Handbewegung. »Lass mich in Ruhe.«

Das ließ sich Rosa nicht zweimal sagen. Verwirrt setzte sie sich in der Küche auf einen Stuhl. Sie hatte erwartet, dass Emil sie freudestrahlend in den Arm nehmen und ihre Hochzeit verkünden würde. Jetzt benahm er sich in einer Art, die Rosa bei ihm noch nie gesehen hatte. Er machte ihr fast Angst. Sie schob vorsichtig die Durchreiche zwischen Küche und Stube ein Stückweit auf; genug, um zu sehen, dass Emil am Stubentisch saß, den Kopf in seinen Armen vergraben, und schluchzte.

Den ganzen restlichen Tag schwieg Emil und schaute stur vor sich hin. Durch den Schnaps wurden seine Augen glasig. Als es Zeit war, in den Stall zu gehen, erhob er sich pflichtbewusst und schwankend. Mit Mühe schaffte er es, das Heu gleichmäßig im Futtergang zu verteilen. Rosa schaute hinter der Kuh, die sie molk, hervor, und fürchtete sich. Sie summte ausnahmsweise an diesem Abend kein Lied.

Später, im Bett, versuchte sie, sich Emil vorsichtig zu nähern. Es war noch nie vorgekommen, dass er sie abwies. Niemals konnte er ihren Reizen widerstehen.

Doch heute war es anders. Emil drehte sich von Rosa weg, sprach weiterhin kein Wort. Sein Körper fühlte sich hart wie Stein an, gab in keiner Pore nach. Verzweifelt lag Rosa wach und fragte sich, was bloß geschehen war.

Später in der Nacht schreckte sie hoch, als Emil plötzlich laut aufschrie. Sie versuchte, ihn zu beruhigen, doch mit kräftiger Hand schob er sie von sich weg.

Rosa ließ sich zurück in ihre Kissen fallen. Er wird sich schon wieder beruhigen, redete sie sich ein, während Emil neben ihr weinte und wirres Zeug brabbelte. Sie stellte sich vor, wie er sie zum Altar führte. Keine vierundzwanzig Stunden zuvor hatte Emil es ihr zum wiederholten Male versprochen, und sie glaubte ihm.

Warum sollte sie ihm denn nicht glauben? Und auch wenn er jetzt komisch war, so hatte er doch nicht gesagt, dass er sie nicht heiraten wollte. Rosa war sich absolut sicher, dass Emil sie wollte – und nur sie.

Enttäuschung

Die Orgel brauste auf, und die versammelte Gemeinde erhob sich, als das Brautpaar gemessenen Schrittes in die Kirche trat und den Gang hinunterlief. Rosa hatte sich wie üblich ganz hinten einen Platz gesucht und spürte ihren Herzschlag bis zum Hals, als Emil an ihr vorbei seine Braut zum Altar führte. Sie musste die Tränen unterdrücken. Emil starrte angestrengt geradeaus, riskierte keinen Blick nach rechts oder links. Er sah schlecht aus, fand Rosa, und auch ihr ging es hundsmiserabel. Bis zuletzt hatte sie gehofft, dass das alles nur ein böser Traum war. Emil hatte ihr keine schlüssige Erklärung geboten, warum er auf einmal doch die Tochter vom Sägewerk heiratete.

»Er hat mich in der Hand, versteh das doch«, hatte Emil Rosa angefleht, aber sie hatte es nicht verstanden, weil er keine weitere Erklärung lieferte. Und weil sie es eben nicht verstand, wurde Emil irgendwann ungehalten, brüllte sie an und verschwand vom Hof. Rosa ging allein in den Stall, in die Küche, in die Stube, setzte sich mit Brot und Speck an den Tisch und wartete. Irgendwann war sie so hungrig, dass sie sich traute, eine Scheibe Brot abzuschneiden. Schließlich gab sie es auf, räumte alles weg und ging zu Bett. Sie war unschlüssig, welches Bett sie nehmen sollte, und wählte doch das große in der Schlafkammer über der Stube.

Es war weit nach Mitternacht, als Emil endlich nach Hause kam. Er hatte getrunken, das roch Rosa sofort. Er fing an, sie zu berühren, zu bedrängen, und zum ersten Mal verspürte Rosa keine Lust, seinem Verlangen nachzugeben. Unbewegt lag sie da, bis Emil, besoffen wie er war, unverrichteter Dinge von ihr abließ, sich umdrehte und augenblicklich einschlief. Er schnarchte so laut, dass Rosa lange wach blieb und sich verzweifelt fragte, was sie nur falsch gemacht hatte, wenn er jetzt doch Agnes ihr vorzog. Was war nur passiert? Sie konnte sich keinen Reim darauf machen und war todunglücklich.

Jetzt erreichte das Brautpaar den Altar, und von hinten fiel Rosa auf, dass Agnes ein ganzes Stück größer als Emil war. Die Brautkrone, die sie als Teil ihrer Festtagstracht trug, und ihre sehr schlanke Figur verstärkten diesen Eindruck. Rosa folgte der Zeremonie, als wäre sie eingehüllt in Watte. Nur Fetzen drangen an ihre Ohren. Erst als der Pfarrer das Hohelied der Liebe, ihr Hohelied, zitierte, hörte sie genauer hin.

»Die Liebe ist langmütig, die Liebe ist gütig. Sie ereifert sich nicht, sie prahlt nicht, sie bläht sich nicht auf. Sie handelt nicht ungehörig, sucht nicht ihren Vorteil, lässt sich nicht zum Zorn reizen, trägt das Böse nicht nach. Sie freut sich nicht über das Unrecht, sondern freut sich an der Wahrheit. Sie erträgt alles, glaubt alles, hofft alles, hält allem stand. Die Liebe hört niemals auf.«

Der Pfarrer machte eine bedeutungsschwangere Pause, jemand in der Kirche hüstelte. Hört niemals auf. Rosa wurde schmerzhaft bewusst, dass es stimmte.

Nach der Kirche machte sich Rosa direkt auf den Heimweg. Zwar hatte Emil ihr einen Platz am Gästetisch im Kreuz angeboten, aber Rosa wollte aus verschiedenen Gründen nicht mitgehen. Sie glaubte, sie könnte es nicht ertragen, ihren Emil neben seiner frisch angetrauten Agnes sitzen zu sehen. Es war unmöglich.

Davon abgesehen wusste sie, dass Emil es ihr aus reinen Schuldgefühlen anbot, vielleicht auch, weil er sie in seiner Nähe wissen wollte, denn eigentlich war es gar nicht üblich, dass die Magd mit zum Hochzeitsessen ging. Rosa fürchtete, dass die Leute nur reden würden, wenn sie das machte. Irgendjemand musste sich außerdem um die Arbeit auf dem Hof kümmern, denn nur weil der Bauer heiratete, konnte man ja nicht mit Füttern, Melken und Misten aufhören. Da konnte sich Emil ganz auf sie verlassen.

Kaum auf dem Hof angekommen, zog Rosa ihr schönes rotes Kleid mit dem schmalen weißen Gürtel, das Emil so sehr mochte, aus, schlüpfte in ihre Arbeitstracht und ging in die Küche. Sie versorgte später das Vieh, richtete am Abend den Tisch mit Essen, setzte sich mit ihren Stricknadeln auf einen Stuhl davor und wartete. Schließlich legte sie die halb gestrickte Socke und das Wollknäuel auf die Fensterbank, nahm sich eine Scheibe Brot und etwas Speck, räumte alles vom Tisch und machte sich zur Nacht bereit. Zum ersten Mal seit Monaten würde sie allein schlafen, in ihrer Kammer über dem Stall, in der es nach Mist roch und deren einzige Wärme durch die Ritzen aus dem Stall hochdrang. Der Raum kam ihr unbekannt vor, obwohl sie schon die letzten zwei Nächte hier auf dem schmalen Bett verbracht hatte, doch da war Emil noch an ihrer Seite gewesen. Denn nachdem der Schreiner und sein Geselle das frisch gezimmerte Ehebett mit den neuesten Matratzen auf dem Markt geliefert und in der Bauernschlafkammer aufgebaut hatten, hatte Rosa sich geweigert, sich dort mit Emil niederzulegen. Also war er notgedrungen zu ihr ins schmale Bett in ihrer einfachen Gesindekammer gekrochen, und zum letzten Mal hatten sie ihr Fest der Liebe gefeiert, mit Schwüren, dass sie sich immer lieben würden, und guten Vorsätzen, dass Begegnungen wie diese fortan unterbleiben mussten. Für Emil würde es einfach sein, dachte Rosa, er hätte weiterhin eine Frau an seiner Seite. Sie hingegen musste jetzt allein klarkommen, ohne Mann, ohne Gefährten.

Das Herz tat ihr weh, während sie versuchte, in den Schlaf zu finden. Unten ging schließlich die Tür auf, und Rosa hörte leise Stimmen. Sie stellte sich vor, dass Emil nun die lange Agnes hochhob und über die Schwelle trug. Jetzt gingen sie die Treppe hinauf, aber sie sprachen kein Wort mehr. Nachdem die Tür zum ehelichen Schlafzimmer ins Schloss gefallen war, setzte Rosa sich auf und spitzte die Ohren. Sie konnte nichts hören. Es beruhigte sie. Sie ließ sich zurück in die Kissen fallen, schloss die Augen und versuchte, diesen unseligen Tag schnellstmöglich hinter sich zu lassen.

Wie Rosa wurde auch Emil von seinen Gefühlen überwältigt, als er mit Agnes in die Kirche kam. Er würde gerne Rosa in der Menge entdecken, ihr Lächeln, das sie sicher auf den Lippen hätte, sie sehen, um sich sicherer zu fühlen, aber er traute sich nicht, sich nach ihr umzuschauen. Neben ihm schritt Agnes und lächelte ihn von der Seite an. Erst jetzt wurde ihm bewusst, dass sie ein ganzes Stück größer war als er, und er fragte sich, wie er die spöttischen Bemerkungen seiner Freunde am Stammtisch in Zukunft kontern sollte. War es nicht verrückt, was man so dachte, wenn man zum Schafott geführt wurde? So zumindest kam es Emil gerade vor. Und er wusste, dass er Agnes dafür keine Schuld geben konnte. Es war seine eigene Feigheit gewesen, seine Angst vor Gefangenschaft. Es war ganz allein seine Schuld, so bitter es war. Jetzt fühlte es sich an, als wäre er auf andere Weise gefangen.

Das Hochzeitsessen überstand Emil mit viel Alkohol. Sein Freund Ludwig spielte Akkordeon, und Emil forderte seine Frau zum Tanz auf. Agnes hatte ihre schwere, perlenbehangene Brautkrone abgesetzt und ließ sich auf die Tanzfläche führen. Emil nahm ihren dünnen Körper wahr, ihre dunklen Haare, ihr vorstehendes Gebiss, das ihre schmalen Lippen kaum verbergen konnten. Dazu hatte sie noch eine schiefe Nase, was alles zusammengenommen vielleicht der Grund war, warum sie nunmehr dreiunddreißig Jahre alt werden musste, bis sie endlich jemand ehelichte. Sie war keine Schönheit. Optisch war sie das komplette Gegenteil von Rosa. Emil sah seinen Schwiegervater Clemens Faller fröhlich mit den anderen im Takt klatschen, während er Agnes im Kreis drehte. Ihm wurde schwindelig.

Als er zum Pissoir ging, hielt ihn Clemens Faller im Gang auf. »Ich gratuliere, mein Schwiegersohn«, sagte er mit einem bösen Lächeln. »Noch einmal: Wenn du meine Tochter nicht gut behandelst, dann bekommst du es mit mir zu tun. Wenn ich ein falsches Wort höre, bist du dran. Verstehst du mich?«

Emil brachte kein Wort heraus, nickte nur und schluckte. Sein Schwiegervater klopfte ihm gönnerhaft auf die Schulter und betrat vor ihm den Toilettenraum.

Emil tat alles, was die Tradition von ihm verlangte. Er tanzte mit seiner Braut, küsste sie unter dem Johlen und Klatschen der anderen und trug sie am Abend über die Schwelle seines Hauses. Im Vergleich zu Rosa war sie ein Fliegengewicht.

»Willkommen daheim«, sagte er freundlich, nachdem er sie vorsichtig wieder auf die Füße gestellt hatte.

»Danke«, hauchte Agnes.

Zum ersten Mal schauten sie sich in die Augen.

»Hier geht es hoch.« Emil wies Richtung Treppe.

»Ja.«

Die Stufen knarzten, und Emil hoffte, dass Rosa längst schlief. Es war ihm unangenehm, dass sie jetzt dort drüben lag, während er eine andere Frau zu sich ins Bett holte.

In der Schlafkammer angekommen, drehte Emil den Lichtschalter an, und die Lampe an der Decke beleuchtete das neue Ehebett.

»Eine sehr schöne Schreinerarbeit«, befand Agnes leise und strich über das Fußteil.

»Ja«, bestätigte Emil nervös.

Sie blieben unschlüssig voreinander stehen und zogen es vor, zu schweigen. Agnes' Augen schweiften unruhig durch den dämmrigen Raum. Nach einer Weile fasste Emil sich ein Herz. Er zog seine Frau an sich und begann, ihr Kleid aufzuknöpfen. Sie ließ es stocksteif über sich ergehen. Er konnte ihre Angst spüren.

»Leg dich hin«, sagte er, als sie nur noch in ihrer Unterwäsche vor ihm stand.

Agnes nickte und verschwand unter der Decke. Emil zog den Hochzeitsanzug aus, drehte den Lichtschalter wieder aus und tastete sich im Dunkeln zum Ehebett vor. Unter der Decke spürte er den hageren Körper seiner Frau und dankte Gott, dass er die Dunkelheit erfunden hatte und Emil jetzt nichts sehen musste.

Agnes sah nicht nur komplett anders als Rosa aus, sie fühlte sich auch ganz anders an. Emil meinte, jeden Knochen zu spüren, während er ihr vorsichtig die restlichen Wäschestücke vom Leib zog. Sie war für ihn nicht attraktiv, er mochte Frauen, die etwas Speck auf den Hüften hatten. Frauen wie Rosa. Er vermisste ihren weichen Bauch, den fülligen Busen. Agnes hatte stattdessen zwei flache Brüste, wie kleine Vorwölbungen auf einem dünnen Brett.

Doch Emil war Manns genug, um seinen ehelichen Pflichten schlussendlich nachzukommen. Er legte sich auf seine Frau, schloss die Augen, obwohl es doch schon komplett duster war, und stellte sich Rosa vor. Agnes lag steif und willenlos da, kein Laut drang aus ihr, nicht mal ihr Atem beschleunigte sich. Sie schien froh zu sein, als es vorüber war. Emil war es auch.

*

Rosa stand am Morgen als Erste auf. Sie ging in die Küche, schürte das Feuer im Herd, setzte Wasser auf und holte Geschirr aus dem Schrank. Sie summte, sie konnte einfach nicht anders. Selbst wenn sie traurig war, summte sie ein Lied. Vielleicht kein fröhliches, aber danach ging es ihr gleich viel besser. Es zeichnete Rosa aus, dass sie es immer schnell schaffte, sich an neue Situationen anzupassen.

Sie erschrak, als plötzlich Emil im Türrahmen stand.

»Guten Morgen.« Sie lächelte ihn an.

»Guten Morgen, Rosa.« Emil stockte. »Geht es dir gut?«

»Ja, wie immer«, entgegnete sie nach einer kurzen Pause. »Und dir?«

»Gut, ja, gut.«

Emil stand unschlüssig herum. »Gehen wir in den Stall?«

»Ja, natürlich.«

Rosa nahm ihre Schürze ab und verließ die Küche, Emil folgte ihr.

Als die beiden zurück in den Wohnteil kehrten, stand Agnes am Herd. Damit waren die Rollen ab sofort klar verteilt.

In der Stube setzte sich Agnes wie selbstverständlich auf den Stuhl neben dem Kopfende, dort wo Rosa bereits saß, als der alte Lenz noch lebte. Jetzt rutschte die Magd weiter ans Tischende, griff zur Schöpfkelle und schöpfte die Milchsuppe in drei Teller. Dann standen alle drei auf, Emil murmelte ein Gebet, und sie setzten sich wieder.

Schweigend aßen sie. Nur ein leichtes Schlürfen war zu hören. Jeder der kleinen Hofgemeinschaft schaute angestrengt auf den eigenen Teller, und alle waren froh, als die Suppe endlich ausgelöffelt war.

Rosa schoss hoch und griff nach den Tellern. Auch Agnes erhob sich.

»Komm, Agnes, ich zeig dir alles.« Mit dem Kinn wies Rosa Richtung Stubentür.

Agnes nickte dankbar, nahm die leere Suppenschüssel hoch und folgte ihrer Magd in die Küche.

Rosa hatte sich vorgenommen, das Beste aus ihrer Lage zu machen. Für ihre Verhältnisse hatte sie in den letzten Tagen und Stunden viel nachgedacht. Sie könnte gehen, aber Emil hatte sie angefleht, zu bleiben, und dem alten Lenz hatte sie sogar ihr Versprechen gegeben. Und wer weiß, wie es ihr auf einem anderen Hof ergehen würde. Hier hatte sie es bis jetzt ja nicht schlecht gehabt. Sie war immer noch in Emils Nähe. Er brauchte sie doch. Er liebte sie. Das hatte er ihr noch am Morgen der Hochzeit gesagt und sie dann zärtlich geküsst. Also blieb sie.

Agnes lebte sich in den nächsten Tagen erstaunlich schnell ein. Sie war, fand Rosa, eine angenehme Person, weder verschlagen noch böse, auch nicht geschwätzig. Agnes ließ sich von Rosa alles im Haushalt zeigen, und sie lernte schnell. Nach ein paar Tagen fühlte sich ihre Anwesenheit auf dem Lenzenhof schon ganz normal an. Selbst Emil musste zugeben, dass sich seine angetraute Frau gut machte, Arbeit im Haus sah und sie willig ausführte. Sie hörte ihm zu, wenn er sprach, gab keine Widerworte, und es stellte sich bald heraus, dass sie von Buchhaltung etwas verstand, weswegen ihr Emil schon bald zu seinem Vorteil die ganze Zahlenarbeit überließ.

Agnes brauchte außerdem eine Neuerung auf den Hof, die schnell zum absoluten Mittelpunkt der Abende in der Stube wurde: ein Mensch-ärgere-dich-nicht-Spiel. Weder Rosa noch Emil hatten in ihrem Leben je viel Zeit mit Gesellschaftsspielen verbracht und großen Spaß an den abendlichen Runden. Ja, ausgerechnet Mensch-ärgere-dich-nicht sorgte dafür, dass die Stimmung in diesem Dreiecksverhältnis von Freundlichkeit und nicht von Misstönen geprägt war.

Einzig körperlich attraktiv fand Emil Agnes nicht, aber sein Verlangen, bei einer Frau zu liegen und mit ihr zu schlafen, ließ ihn großzügig darüber hinwegsehen. Sie wirkte nach wie vor nicht begeistert, ihrer ehelichen Pflicht nachzukommen, sperrte sich aber auch nicht dagegen. Das Licht blieb dabei aus, und nach einer Weile lief es ganz passabel zwischen den Eheleuten.

Was nicht bedeutete, dass Emil Rosa vergessen hätte. Viel zu gerne beobachtete er sie, wenn die Gelegenheit günstig war – in der Stube, wenn sie aufstand und das Geschirr hinaustrug; im Stall, wenn sie sich auf den Melkschemel setzte und ihr Lied summte –, und mit einem stillen Stoßseufzer erinnerte er sich wohlig an vergangene Stunden. Dann drehte er sich schnell wieder weg und versuchte, die aufkommende Sehnsucht nach der Magd zu unterdrücken.

Auch Rosa hatte sich schnell arrangiert. Der ihr so eigene Frohsinn half ihr dabei. Zwar fehlten ihr die Nächte mit Emil, seine Berührungen, das aufregende Schaudern, wenn sie sich ihm hingab. Sie musste lernen, damit zurechtzukommen, dass es nicht mehr stattfinden würde. Denn da war sie sich ganz sicher: Die Zeit mit Emil war unwiederbringlich vorbei. Sie sollte besser schauen, ob nicht ein anderer Mann an ihr Interesse haben könnte. Ein Bauer würde es nicht sein, aber vielleicht jemand, der es ähnlich gut mit ihr meinte wie Emil. Der sie so liebte, wie sie war, mit ihr ein kleines Haus bezog und eine Familie gründete. Ja, das wäre ihr größter Wunsch, dachte Rosa. Sie würde die Augen offenhalten. Irgendwann würde ein anderer Prinz vorbeigeritten kommen. Rosa lachte bei der Vorstellung leicht auf, so verrückt erschien sie ihr. Doch wenn man sich so etwas nicht wünschte, dann würde es nie passieren. Das hatte ihre Mutter immer gesagt.

*

Rosa wusste lange vor Emil, dass Agnes in anderen Umständen war. Rosa war immer noch diejenige auf dem Hof, die die Wäsche wusch, mit einer Ausnahme: die Monatsbinden der Lenzenbäuerin. Jede Frau war für ihre Hygiene selbst verantwortlich, so hielten sie es alle auf den Höfen. Zweimal also wusch Agnes ihre Stoffbinden verschämt mehrere Tage hintereinander draußen neben dem Brunnentrog in einer Zinkwanne mit heißem Wasser und Kernseife aus und hängte sie im ersten Stock unter dem riesigen Walmdach auf, weit hinter der Eingangstür zu Rosas Kammer, sodass niemand außer der Magd davon Notiz nehmen konnte. Zweimal also hingen im Abstand von vier Wochen die Stoffe dort auf der Leine, und Rosa hängte wenige Tage später jeweils ihre eigenen daneben. Dann blieb die Leine verdächtig lange leer, und nur Rosa hängte ihre frischgewaschenen Binden dort auf.

Dazu war Agnes ständig schlecht, und es dauerte nicht lange, bis sie sich morgens erbrach und ganz weiß um ihre schiefe Nase war. Nach dem Frühstück, nach dem Mittagessen, am Abend – sie war wahrlich nicht zu beneiden, fand Rosa und nahm der Bäuerin die Schüssel ab, die Agnes für diese Zwecke benutzte; dieselbe, die Rosa schon dem alten Lenz hingestreckt hatte, wenn er das Essen nicht bei sich halten konnte. Es brauchte keine Worte, die beiden Frauen blickten sich an, Agnes flüsterte »Danke« und legte sich in der Stube auf das Sofa neben dem Kachelofen, hoffend, dass diese furchtbare Übelkeit bald ein Ende haben würde.

Es schien eine Weile zu dauern, bis auch Emil verstand, warum seine Frau sich mitten am Tag ständig auf dem Sofa niederließ und vor Übelkeit ächzte. Schließlich erkundigte er sich bei Rosa, ob ihr auch aufgefallen sei, dass es Agnes ständig unwohl war, und so gab Rosa ihm einen leichten Hinweis darauf, was der Grund sein könnte. Es war nicht ihre Aufgabe, die Nachricht des sich ankündigenden Nachwuchses zu übermitteln, aber der Bauer begriff nach der kleinen Andeutung, was der Grund sein könnte, woraufhin wiederum Agnes endlich mit der Sprache herausrückte. Emil war sichtlich zufrieden, dass ein Hofnachfolger im Anmarsch war, und ließ seine Frau fortan so viel auf dem Sofa liegen, wie sie wollte. Sie solle sich schonen, sagte er ihr ein ums andere Mal, »wir schaffen das auch ohne deine Hilfe.«

Agnes nahm dankbar an. Welches Glück sie doch mit einem so umsichtigen Ehemann hatte, dachte sie.

Jedoch war es weniger die Sorge um seine schwangere Ehefrau, die Emil so fürsorglich werden ließ. Vielmehr brachte deren Anwesenheit auf dem Sofa mit sich, dass sie nicht im Haus herumlief. Was bedeutete, dass Emil endlich wieder allein mit Rosa war: im Stall, auf der Tenne, dem Heuboden, im Hausflur, auf dem Acker. Selbst in die Küche stahl er sich kurz und stand im Weg herum, wenn seine Magd dort nun wieder kochte oder abwusch. Denn auch die Küche gab Agnes gerne ab; wem dem ganzen Tag so schlecht war, konnte sich wahrlich nicht mehr ums Essen kümmern.

Und so gab es sie auf einmal wieder zuhauf, die unbeobachteten Momente. Emil betrachtete Rosa ungeniert, lächelte ihr zu, einen Tag später strich er erst nahe an Rosa vorbei, zwei Tage später landete seine Hand für einen kurzen Moment auf ihrem Hinterteil. Rosa lächelte zurück, spürte das altbekannte Kribbeln im Bauch, das sie so vermisst hatte, und genoss die gar nicht so versehentlichen Berührungen. Sie wusste, dass sie das nicht durfte. Doch ihre Bedenken waren urplötzlich weggewischt, der Traum vom heranreitenden Prinzen ausgeträumt, denn hier war er, der Mann, den sie wollte; und auf einmal war es Rosa egal, dass er verheiratet war. Sie reckte ihren Körper, streckte ihre üppige Oberweite noch ein Stückchen weiter vor und begegnete keck dem sehnsuchtsvollen Blick des Bauern mit dem Selbstbewusstsein, dass diese Sehnsucht ihr galt.

Ein paar Tage hielten sie noch durch. Dann stieg Emil Rosa im wahrsten Sinne des Wortes hinterher, auf den Heuboden, umfasste sie von hinten um ihre Taille, sodass sie augenblicklich das Heu fallen ließ und sich zu ihm umdrehte. Sie küssten sich stürmisch, ließen ihrer Lust aufeinander freien Lauf. Und die Sünde, das wurde Rosa klar, als sie danach das Heu vom Rock strich, schmeckte jetzt noch viel süßer als je zuvor.

Emil schärfte Rosa ein, sich nichts anmerken zu lassen. Schon gar nicht sollte sie in die Kirche zum Beichten gehen.

»Das geht den alten Pfaffen gar nichts an, der hat davon eh keine Ahnung«, erklärte er. »Hörst du, Rosa, das ist unser Geheimnis, das soll niemand wissen, und du brauchst deswegen kein schlechtes Gewissen zu haben.«

Mitten im Stall zog er sie an sich.

»Emil«, flüsterte Rosa verlegen und schaute sich um, ob Agnes nicht vielleicht doch noch um die Ecke kommen würde.

»Ich liebe dich«, erklärte Emil, »ich will mit dir zusammen sein, hörst du? Wann immer es geht.«

»Ja«, nickte Rosa, »ich auch.«

»Aber es muss unser Geheimnis bleiben, verstehst du das?«

»Ja.«

»Du darfst es niemandem erzählen, nicht mal dem Pfarrer.«

»Nein.«

»Versprichst du mir, dass du das Beichten endlich sein lässt?«

»Ja.« Rosa nickte erneut und versuchte, das schlechte Gewissen zu unterdrücken.

Emil küsste Rosa lange auf den Mund. Rosa spürte das wohlige Kribbeln in ihrem Bauch, als seine Hand unter ihren Rock glitt. Allein dieses Gefühl war für sie plötzlich wieder alle Sünde wert.

Es bleibt unklar, ob Agnes zu jener Zeit ahnte, warum es mit dem Melken auf einmal so viel länger dauerte. Sie fragte nie nach. Und es blieb dabei, sie fühlte sich elend. Und deswegen war sie sehr, sehr dankbar, dass Emil seit Verkündigung ihrer Schwangerschaft von ihr im Ehebett Abstand hielt. Er war wirklich ein rücksichtsvoller Mann.

Die Heuernte ging vorüber, ohne dass Agnes mithelfen konnte. Elend lag sie auf dem Sofa, und langsam verlor Emil die Geduld mit seiner Frau. Zwar bot ihr Zustand nach wie vor die Gelegenheit, Rosa nahe zu sein, doch noch nie hatte er mitbekommen, dass eine Frau so lange untätig herumliegen konnte, nur weil sie schwanger war, und er begann, dahinter ein bewusstes Verhalten zu wittern. Er holte Doktor Allmann ins Haus.

Dieser untersuchte Agnes und gab Entwarnung.

»Sie müssen geduldig mit Ihrer Frau sein«, ermahnte er Emil im Hausflur. »Das ist ein besonders schwerer Fall von Hyperemesis gravidarum.«

Emil schaute ihn verständnislos an.

»Schwere Schwangerschaftsübelkeit«, erläuterte der Doktor. »Sie kann nichts dafür. Und wir können nicht viel mehr machen als abzuwarten. Es wird vorbeigehen.« Nun zeigte er auf Rosa, die gerade aus der Küche kam, in den Händen ein Tablett mit frisch aufgebrühtem Kräutertee und einem Glas Honig. »Ihre Magd macht es schon richtig. Geben Sie der Schwangeren viel zu trinken, viel Honig oder Zucker, wenn Sie haben. Bieten Sie ihr Essen an. Es ist wichtig, dass sie genug zu sich nimmt und das Kind wachsen kann.«

Doktor Allmann setzte seinen Hut auf und gab Emil die Hand. »Alles Gute.«

Als die Sonne vom Himmel brannte und der Roggen eingeholt wurde, schien das Schlimmste überstanden. Agnes hörte auf, sich zu übergeben und zu leiden, stand vom Sofa auf und übernahm wieder ihre Arbeiten im Haushalt. Sie packte Vesperkörbe für ihren Mann, die

Magd, die Erntehelferin Maria Wöhrle und die drei anderen Mähder und brachte sie selbst aufs Feld. Unter ihrem Kleid deutete sich ein Bäuchlein an, das sich von ihrer sonst so hageren Figur abhob. Ihr Gesicht gewann an Farbe und wirkte insgesamt fülliger. Agnes lächelte glücklich, froh, die Monate der Beschwerden hinter sich gelassen zu haben. Sie scherzte fröhlich mit den Mähdern und strahlte Emil an, während sie eine Decke ausbreitete und das Essen aus dem Korb holte.

Rosa band ihre Garbe fertig, bevor sie sich aufrichtete und zu Agnes hinübersah. Ihr war schlecht, und ihr Kopf drehte sich leicht. Die Hitze, dachte sie. Sie hatte kaum etwas gefrühstückt und viel zu wenig getrunken. Seit ein paar Tagen ging es schon so. Rosa fragte sich, ob sie sich vielleicht den Magen verdorben hatte. Seit Agnes wieder kochte, hatte Rosa schließlich keine Kontrolle mehr über die Zutaten.

Sie setzte sich zu Emil und Agnes auf die Decke und ließ sich von Agnes ein Brot reichen. Lustlos knabberte sie daran herum. Es war seltsam, dass sie keinen Appetit verspürte. Obwohl schöner kräftiger Speck und viel Butter zwischen den Brothälften steckten, spürte Rosa nicht wie sonst das Verlangen, zuzubeißen.

Maria Wöhrle, die wie sie die Garben zusammenband, hatte sich ihr gegenüber auf die zweite Decke gesetzt und schaute sie mit scharfen Augen an.

»Dir schmeckt's wohl nicht«, stellte sie fest. »Geht's dir nicht gut?«

Rosa zog die Schultern hoch. »Ich habe mir wohl den Magen verdorben. Dazu die Hitze.«

»Ja, ja, das sagen sie alle«, lachte Maria vielsagend.

»Schluss jetzt«, unterband Emil weitere Kommentare. »Kümmere dich um deinen eigenen Kram.«

Maria Wöhrle war eine gute Erntehelferin, aber sie steckte ihre Nase entschieden in zu viele Sachen. Denn auch Emil war aufgefallen, dass Rosa heute lustlos und schlapp wirkte. Nicht nur, was das Essen anging. Am Morgen im Stall hatte sie von ihm nichts wissen wollen und seine Avancen, doch kurz mit ihm auf den Heuboden zu kommen, abgelehnt. Das passierte höchstens, wenn Rosa ihre *Sach'* hatte. Bis jetzt hatte sich das allerdings noch nie auf Rosas schier unendliche Schaffenskraft niedergeschlagen, und Emils Hände an ihrem Körper wehrte sie selbst dann nicht ab. Emil schloss daraus, dass sie sich wohl wirklich den Magen verdorben hatte.

Als die Übelkeit anhielt und Rosa vor allem am Morgen zu schaffen machte, begann sie sich Sorgen zu machen. Sie überlegte, wie lange ihre letzte Blutung her war. Sie nahm ihre Finger zur Hilfe, um genau nachzurechnen. Schließlich gab es keinen Zweifel: Sie war überfällig.

Als Rosa das bewusst wurde, wurde ihr heiß und kalt zugleich. War sie wirklich schwanger? Das konnte nicht sein, denn Emil hatte stets erklärt, gut aufzupassen und alles unter Kontrolle zu haben. Also konnte sie doch eigentlich gar nicht schwanger sein, oder?

Sie überlegte, Emil anzusprechen. Aber sie traute sich nicht. Ein Kind, das durfte einfach nicht sein. Sie wusste das, ohne dass es je ausgesprochen worden war. Und er hatte doch immer aufgepasst. Hatte er gesagt. Rosa beschloss, abzuwarten und Emil erst einmal nichts von ihrem Verdacht zu erzählen.

Fortan mied Rosa den Bauern, und Emil schaute verwundert der Magd hinterher, wenn sie schnell von ihm weghuschte, ehe er sie auch nur kurz berühren konnte. Er war verärgert. Ihm fehlten die Stelldicheins mit Rosa, die Magie, die sie beide verband. Über eine Woche ging es nun schon so. Enttäuscht wandte er sich Agnes zu, die sich erfreulicherweise nun, da sie ihre Schwangerschaftsbeschwerden überwunden hatte, ihm gegenüber erstaunlich offen zeigte. Da sie zugenommen hatte, waren aus ihren herausstechenden Knochen sanfte runde Kanten geworden, die das Zusammenliegen für Emil einfacher machten. Und dennoch: Was war bloß in Rosa gefahren?

Drei Wochen, nachdem Rosa mit ihren Fingern nachgezählt hatte, atmete sie eines Morgens erleichtert auf, als sie die roten Blutflecken auf ihrer Leibwäsche sah. Sie hatte sich geirrt! Rosas Mundwinkel gingen wieder nach oben, sie sang lauthals, als sie die Kühe molk, und strahlte Emil an. Er zog sie sogleich an sich und hoch auf den Heuboden. Nach so vielen Tagen der gegenseitigen Enthaltsamkeit war ihr erneutes Zusammenkommen von besonderer Leidenschaft geprägt.

»Mach das nie wieder, Rosa, hörst du?«, flüsterte Emil in ihr Ohr, als er sich danach neben sie ins Heu fallen ließ.

»Nein.«

»Das hat mir gefehlt. *Du* hast mir gefehlt.« Er küsste ihren Hals.

»Du mir auch«, flüsterte Rosa zurück.

»Was war denn los?«, wollte er leise wissen.

»Nichts. Ich …« Rosa zögerte, weiterzusprechen. »Mir war einfach nicht wohl. Aber jetzt geht es mir besser.«

»Ich kann nicht ohne dich sein, das weißt du doch.« Emil streichelte zärtlich ihr Gesicht.

»Ja.«

»Am liebsten möchte ich den ganzen Tag und die ganze Nacht mit dir zusammen sein.«

»Ja, ich auch.«

In Emils Armen fühlte Rosa sich glücklich. Sie wünschte, es könnte ewig so weitergehen. Aber sie mussten sich beeilen. Agnes wartete sicher schon mit dem Frühstück.

Rosas Blutung hielt nur einen Tag. Als sie ihre Binden auswusch und auf dem Außengang hinter ihrer Kammertür aufhängte, war es damit auch schon wieder vorbei. Rosa wähnte sich dennoch auf der sicheren Seite. Zwar war ihr morgens immer noch schlecht, aber das war ja kein Vergleich zu Agnes, die nicht mal aufzustehen und die Schüssel eigenhändig auf dem Mist zu entleeren vermochte. Zwar spannten Rosas Brüste, aber was sollte das schon heißen. Das kam vor. Vielleicht sonst nicht ganz so stark, aber es kam vor. Rosa wurde gut darin, sich alles zurechtzureden.

Das Öhmden, der zweite Heuschnitt, kam, und Rosa rackerte wie gewohnt, wendete das Gras und warf das getrocknete Öhmd auf den Heuwagen. Es ist alles ganz normal, redete sie sich ein, während sie das Übelkeitsgefühl unterdrückte. Sie fühlte sie unendlich erschöpft, aber niemand sollte es sehen.

Und niemand sah es. Alle Helfer sprachen nur davon, was für eine fleißige, kräftige Magd Rosa war und dass Emil sich mit so einer Arbeitskraft, die für zwei schaffte, glücklich schätzen konnte. Das tat er. Wenn die anderen nur wüssten, wie sehr!

Als im Oktober Kirchweih kurz bevorstand, ging der unterste Haken von Rosas Arbeitsmieder nicht mehr in die dafür vorgesehene Öse. Schon in den letzten Tagen war Rosa dies nur unter größter Anstrengung und mit Luftanhalten gelungen; und im Laufe des Tages hatte sie ihn geöffnet, weil sie das Gefühl gehabt hatte, kaum noch atmen zu können.

Jetzt blickte Rosa von ihrem Mieder hoch in den Spiegel, der über der kleinen Kommode in ihrer Kammer hing. Sie sah ihr Gesicht, das müde aussah und runder als sonst. Rosa starrte sich an. Es gab eigentlich keinen Zweifel mehr. Der Moment war gekommen, den Tatsachen ins Auge zu sehen. Sie brauchte sich nicht länger etwas vorzumachen. Für ihre Beschwerden gab es keine andere Erklärung als eine Schwangerschaft.

Rosa bekam Angst, als es ihr endgültig bewusst wurde. Das durfte einfach nicht sein. Emil würde toben. Wie sollte sie es ihm bloß beibringen?

Verzweiflung

»Was erzählst du da?« Emil starrte Rosa an.

Sie standen vor dem Schweineverschlag; Rosa war kurz davor, den Tieren ihr Fressen in den Trog zu werfen. Ungeduldig drängten diese sich heran, grunzten, quiekten und sorgten für Unruhe.

»Das ist ein Witz, oder? Rosa, sag, dass das ein Witz ist.«

Rosa leerte den Eimer in den Trog, und die drei Schweine stürzten sich drauf. Sie drehte sich zu Emil, den Schweineeimer noch in der Hand.

»Ich mach' keine Witze. Was soll ich denn überhaupt jetzt tun? Du hast immer gesagt, du passt auf. Ich hab mich darauf verlassen, dass du alles unter Kontrolle hast.«

»Jetzt bin ich schuld, oder was?« Emil zog merklich die Luft an. »Meinst du das wirklich?« Er hielt sie am Arm fest.

»Nein.« Rosa befreite sich aus dem Griff und wandte den Blick in die andere Richtung.

»Hör auf, so etwas zu sagen.«

»Ja.«

Rosa zog den Kopf ein. Am liebsten wollte sie losheulen. Sie hatte sich von Emil eine sanftere Reaktion erhofft.

»Du kannst das Kind nicht bekommen«, entschied er. »Auf gar keinen Fall. Wenn das rauskommt, bin ich geliefert.«

Rosa antwortete nicht.

»Hast du gehört, Rosa?« Wieder griff Emil nach ihrem Arm. »Du darfst das Kind nicht bekommen, ist das klar?«

»Ja«, hauchte Rosa.

»Was für ein großer Mist.« Emil schüttelte verärgert den Kopf. »Das darf doch nicht wahr sein.«

»Was soll ich denn jetzt machen?«, fragte Rosa vorsichtig.

»Das Kind muss weg«, bekräftigte Emil. »Schau halt, dass es abgeht. Das muss doch möglich sein.«

Rosa hob hilflos die Schultern hoch. »Wie denn?«

»Was weiß ich.« Emil begann, wütend im Gang auf und ab zu laufen.

Rosa betrachtete die Schweine, die gerade hastig die letzten Reste ihrer Morgenration verschlangen. Sie erinnerte sich daran, was ihre Schwester Irma ihr mal erzählt hatte. Von der Magd, die angeblich ihr uneheliches Kind direkt nach der Geburt in den Schweinetrog warf. Rosa wandte sich ab und schaute Emil an.

»Ich frag Doktor Allmann«, erklärte dieser soeben. »Vielleicht kann er dafür sorgen, dass es wegkommt.«

»Das kannst du ihm doch nicht erzählen«, widersprach Rosa.

»Werd' ich auch nicht in allen Einzelheiten«, entgegnete Emil. »Woher soll ich schließlich wissen, wer der Vater von deinem Bastard ist? Mit wem du es so treibst?«

Die Worte trafen Rosa ins Mark, und sie wusste nichts zu erwidern. Er hatte nicht mal in Erwägung gezogen, dass sie das Kind haben wollte. Ein Kind von Emil, das war ja eigentlich das, was sie sich gewünscht hätte, wäre da nicht Agnes. Die Krönung ihrer Liebe, das war es doch. So wie Agnes jetzt auch ein Kind bekam, sogar ohne dass es Liebe war. Zumindest, wenn Rosa Emil glauben durfte. Der tat dort im Ehebett nur seine Pflicht, während er in Wirklichkeit an sie dachte. Sagte er zumindest.

Doch jetzt zeigte sich Emil unerbittlich. »Das Kind muss weg, hörst du, Rosa?«, erklärte er zum wiederholten Male.

Und Rosa nickte schweigend.

Noch am selben Tag, gleich nach dem Frühstück, erzählte Emil Agnes irgendetwas von wichtigen Geschäften, nahm das Fahrrad und radelte nach Neustadt zur Praxis von Doktor Allmann. Dort setzte er sich ins Wartezimmer und überlegte, wie er dem Doktor die Geschichte verkaufen konnte, ohne dass auch nur ein Hauch des Verdachts auf ihn, den Bauern Emil Dold vom Lenzenhof, fiel.

»Wer ist krank? Ihre Magd?«

»Ganz genau«, nickte Emil. »Mit der ist etwas nicht in Ordnung.«

Doktor Allmann lehnte sich in seinem Arztsessel zurück und betrachtete Emil auf der gegenüberliegenden Seite seines Schreibtisches. Emil hielt seinen Hut in den Händen und drehte diesen mit seinen Fingern an der Krempe beständig im Uhrzeigersinn herum.

»Können Sie mal nach ihr schauen?«, fragte er.

Er hielt kurz inne und wechselte dann beim Hutdrehen die Richtung.

»Was für Beschwerden hat sie denn?«

»Es ist … eine Frauensache.« Emil hielt wieder in der Bewegung inne und sah auf. »Ich kann sie Ihnen schicken, wenn Sie wollen. Sie ist krankenversichert, alles ist rechtmäßig angemeldet.«

»Wenn Ihre Magd das möchte, natürlich. Sie kann gerne in meine Sprechstunde kommen. Hat sie denn eine Möglichkeit, herzukommen, oder soll ich am Nachmittag bei Ihnen auf dem Hof vorbeikommen?«

Emil zuckte zusammen, und der Doktor sah es genau.

»Nein, nein«, wehrte der Bauer ab. »Sie kann zu Ihnen kommen, kein Problem.«

»Gut«, Doktor Allmann stand von seinem Sessel auf, »dann erwarte ich ihren Besuch bei mir. Danke, dass Sie gekommen sind.« Er streckte Emil, der ebenfalls aufgesprungen war, die Hand entgegen. »Und sagen Sie: Wie geht es Ihrer Frau?«

»Besser, viel besser«, antwortete Emil, erleichtert, aus dem Arztzimmer entlassen zu werden. »Sie nimmt zu, übergibt sich nicht mehr, kann wieder arbeiten, zumindest im Haushalt. Wir sind zufrieden, und die Hebamme hat auch schon vorbeigeschaut.«

»Das höre ich gerne. Sie sollte sich dennoch weiterhin schonen.« Doktor Allmann öffnete nun die Tür. »Auf Wiedersehen.«

Den ganzen Rückweg ärgerte sich Emil, dass er es nicht geschafft hatte, konkreter zu werden. Aber vielleicht war es besser so. Kaum war er wieder auf dem Lenzenhof angekommen, gab er Rosa Bescheid, die nun ihrerseits gleich am nächsten Tag nach dem Frühstück das Rad nahm und sich auf den Weg nach Neustadt machte.

Es war ein kühler Oktobermorgen, und Rosa fror. Zunächst ging es stark bergauf, und nach den ersten zwei Kilometern keuchte Rosa und kam kaum noch voran. Sie stieg vom Rad und schob es neben sich her. Als sie den höchsten Punkt der Strecke erreicht hatte, hielt sie inne, um ihren Atem zu beruhigen. Jetzt war ihr nicht mehr kalt. Sie stieg wieder auf das Rad und erfreute sich an der schnellen Abfahrt.

Über eine Stunde brauchte Rosa für einen Weg. Als sie beim Doktor ankam, saßen noch der Postbote Dreieich und dessen Frau Auguste sowie eine ältere Dame, die Rosa nicht kannte, im Wartezimmer. Rosa nickte zum Gruß, nahm Platz und versuchte, ihre Nervosität in den Griff zu bekommen. Sie war noch nie wegen einer Frauensache bei einem Arzt gewesen und wusste nicht, was sie erwartete. Dazu fühlte sie sich vom Postboten und seiner Frau beobachtet. Sie wich deren Blicken aus und betrachtete ausgiebig den Fußboden. Als die beiden ins Sprechzimmer gerufen wurden, war sie erleichtert.

Danach war sie dran. Doktor Allmann befragte Rosa ausführlich und untersuchte sie vorsichtig. Schließlich bestätigte er ihre schlimmsten Befürchtungen.

»Sie sind schwanger. Ende dritter Monat, würde ich sagen.«

»Das darf nicht sein«, murmelte Rosa, während sie auf dem Stuhl vor dem Arztschreibtisch immer kleiner wurde. »Aber ich hatte doch eine Blutung zwischendurch.«

»Das kann vorkommen. Eine Frau kann deswegen trotzdem schwanger sein.«

Doktor Allmann sah sie mitleidvoll an. »Es wird sich schon fügen«, beruhigte er sie. »Gibt es einen Vater? Sind Sie verheiratet?« Er ahnte die Antwort schon.

Rosa schüttelte unmerklich den Kopf.

»Das tut mir leid«, sagte der Doktor ehrlich.

Er hatte schon viele solche Gespräche geführt. Verzweifelte junge Frauen saßen ihm gegenüber, die nicht wussten, wohin mit dem Kind, das ihnen angehängt wurde, ohne dass ein Mann die Verantwortung dafür übernehmen wollte. Die Frauen waren allein mit der vermeintlichen Schande. Diese weitverbreitete Attitüde machte ihn wütend.

»Das war nur … so eine einmalige Sache. So ein Bursche bei der Heuernte. Ein Tagelöhner. Am nächsten Tag war er auch schon wieder weg.«

»Hören Sie, Fräulein Löffler. Sie müssen sich mir gegenüber nicht erklären«, versuchte Doktor Allmann, sie zu beruhigen. »Ich kann mir Ihre Lage gut vorstellen. Ich hoffe, Sie können Ihre Verhältnisse ordnen. Wenn ich Ihnen irgendwie helfen kann – medizinisch oder auch sonstwie –, dann kommen Sie zu mir. Ich bin nicht Ihr Feind, Sie können mir vertrauen.«

»Danke«, murmelte Rosa.

»Wie ist es denn mit Ihrem Dienstherrn? Weiß er es? Gibt es dort Probleme?«

»Nein«, Rosa schüttelte den Kopf. »Also, er weiß es, aber es gibt deswegen keine Probleme.«

»Na, das ist doch immerhin etwas«, meinte Doktor Allmann aufmunternd.

Er stand auf und signalisierte, dass das Gespräch beendet war. Er schüttelte der jungen Frau die Hand und wünschte alles Gute.

Emil war mit dem Arztbesuch, wie Rosa ihn später im Stall schilderte, unzufrieden.

»Das Kind muss weg«, wiederholte er. »Und ausgerechnet dazu hat er nichts gesagt?«

»Nein.«

»Warum hast du ihn denn nicht gefragt?«

Da Rosa eine Antwort schuldig blieb, entschied Emil, die Sache selbst in die Hand zu nehmen. Wieder einen Tag später fuhr er erneut mit dem Fahrrad zum Doktor. Jetzt war er nicht verzagt, sondern wütend.

Nachdem er sein Anliegen bei Doktor Allmann vorgetragen hatte, hob dieser erstaunt die Augenbrauen.

»Sie wollen, dass ich bei Ihrer Magd eine Abtreibung vornehme?«

»Richtig.« Emil nickte heftig mit dem Kopf. »Sie hat keinen Mann, das Kind ist illegitim, Gott weiß, wer der Vater ist; die Schande kann ich der Rosa nicht zumuten. Diese Schwangerschaft muss unterbrochen werden.«

»Herr Dold«, Doktor Allmann hielt inne und blickte Emil scharf an, »was Sie von mir verlangen, ist unredlich. Ich darf überhaupt keine Abtreibung vornehmen, das ist verboten. Da komme ich in Teufels Küche.« Er machte eine ausladende Handbewegung und erhob sich nicht wie sonst von seinem Stuhl. »Ich darf Sie bitten, zu gehen.«

Emil war von der harschen Antwort überrascht, doch jedes weitere Wort erübrigte sich, und er sah zu, dass er die Praxis verließ. Seine Wut wuchs. Als er wieder auf dem Lenzenhof angekommen war, zog er Rosa in den Stall.

»Der Arzt macht es nicht. Verboten, meint er. Du musst selbst schauen, wie es abgeht.«

»Aber wie?« Rosa war verzweifelt. Die Tränen rannen ihr die Wangen hinab.

»Was weiß ich«, erwiderte Emil barsch. »Ihr Weiber kennt euch doch aus mit den Kräutern und Zaubermitteln. Kümmere dich halt drum. Und hör auf zu heulen.«

Nach diesen Worten ließ er Rosa wie einen begossenen Pudel stehen. Sie schluchzte auf, denn sie hatte keine Ahnung, was jetzt zu tun war, und sie wusste auch nicht, wen sie unauffällig fragen konnte. Es gab niemanden, dem Rosa sich anvertrauen konnte. Sie konnte nicht zu ihrer Mutter gehen und sie um Schutz bitten. Das war unmöglich. Sie konnte nicht ihre Schwester Irma um Rat fragen, zu der sie sonst ein so gutes Verhältnis hatte und die so offen über all die Frauenprobleme sprach. Sie konnte nicht mal die Hebamme nach entsprechenden Rezepten fragen, denn Emil hatte ihr ja mehr als einmal eingeschärft, dass niemand es wissen dürfe. Rosa musste selbst eine Lösung finden.

Sie begann mit Rizinusöl. Heimlich nahm sie die Flasche aus dem Schrank in der Küche. In ihrer Kammer flößte sie sich gleich drei Esslöffel des zähflüssigen Öls ein und schüttelte sich. Viel hilft viel, dachte sie.

Nicht lang, und das Mittel zeitigte seine Wirkung. Rosa lief schnell hinaus zum Abort, der zwischen Schweinestall und Misthaufen stand. Erleichtert raffte sie den Rock hoch und schaffte es gerade noch rechtzeitig, bevor ihr Darm sich unkontrollierbar entleerte.

Es dauerte eine gefühlte Ewigkeit, und Rosa krümmte sich vor Krämpfen. Als es laut gegen die Tür polterte, erschrak sie.

»Wer ist da drin? Rosa?«, fragte Agnes von draußen und hämmerte erneut gegen das Holz. »Beeil dich, ich muss dringend.«

»Es geht nicht. Ich habe Durchfall«, antwortete Rosa verzweifelt.

»Verdammt noch mal, auch das noch«, ärgerte sich Agnes.

Rosa konnte hören, wie sie sich wieder entfernte. Ein weiterer Krampf ließ sie zusammenfahren. Es hört überhaupt nicht auf, dachte sie und fühlte sich elend.

Irgendwann war sie restlos ausgeleert und ausgelaugt und traute sich, den Abort zu verlassen. In der Stube erlaubte sie sich, sich aufs Sofa zu legen. Sie hielt sich den Bauch, atmete tief durch.

»Was ist mit dir? Bist du krank?«, fragte Agnes, als sie Rosa entdeckte.

»Ich weiß nicht, mir geht es schlecht.«

»Hast du Fieber?« Agnes legte prüfend ihre Hand gegen die Stirn der Magd.

»Nein, ich glaube nicht.«

»Ich auch nicht.« Agnes nahm die Hand wieder herunter. »Dann muss Emil gleich allein in den Stall gehen. Kannst du nicht aufstehen?« Die Bäuerin zeigte sich von ihrer unnachgiebigen Seite.

»Nein, ich … Ja, ich komme gleich.«

»Ich kann nicht für dich in den Stall gehen. Der Arzt hat gesagt, ich solle mich schonen. Allein ist es viel Arbeit für Emil.«

»Ich weiß. Du hast recht. Ich mach' ja schon.«

Rosa richtete sich mühsam auf. Ihr war schwindlig, und am liebsten wollte sie sich übergeben. Aber das durfte sie nicht. Sie durfte nicht zulassen, dass Agnes, die erwartungsvoll in der Mitte der Stube stand und sie aufmerksam musterte, auch nur eine Minute auf die Idee kam, dass etwas mit ihr nicht stimmte.

»Bist du sicher, dass du es schaffst?«, fragte diese nun

etwas mitfühlender als am Anfang. Offensichtlich war ihr aufgefallen, wie ungnädig sie gewesen war.

»Du hast doch gesagt, dass Emil Hilfe braucht, also gehe ich«, erwiderte Rosa.

Bloß nichts anmerken lassen. Sie ärgerte sich über Agnes, die es offensichtlich nicht ertragen konnte, wenn es jemand anderem als ihr selbst mal schlecht ging. Sie badete ja förmlich in ihren ganzen Schwangerschaftsbeschwernissen und hatte sich gleich auf das freigewordene Sofa gesetzt. Rosa trank noch einen Becher des inzwischen kalt gewordenen Kamillentees, den sie am Morgen in der großen Kanne für Agnes aufgebrüht hatte, und machte sich auf den Weg in den Stall.

»Wie siehst du denn aus?«, fragte Emil. »Du bist ja ganz blass.«

Er zog sie an sich, und Rosa lehnte dankbar ihren Kopf an seine Brust.

»Ich habe Rizinusöl genommen, ein bisschen zu viel«, erklärte sie.

Emil wurde hellhörig. »Ist es weg?«

Rosa zuckte mit den Schultern und antwortete nicht. Für immer wollte sie an dieser Brust lehnen, doch Emil machte einen halben Schritt rückwärts, griff sie mit beiden Händen an ihren Schultern und sah sie streng an.

»Ich hoffe, es ist weg. Es muss weg«, wiederholte er.

Rosa nickte erschöpft. »Jetzt müssen wir melken.«

»Setz dich hin und schon' dich. Ich schaff das schon.« Emil strich ihr über den Rücken und zeigte auf den Hocker in der Ecke neben der Stallkammer.

»Danke«, flüsterte Rosa.

Sie hätte nicht gewusst, wie sie heute noch hätte melken sollen.

Als ihr klar wurde, dass die Rizinusprozedur vergeblich gewesen war, ging Rosa in den Wald und sammelte Beifuß. Im Kräuterbuch, das in der Stube auf dem Brett neben der Bibel stand, hatte sie gelesen, dass er abtreibend wirkte. Es war gerade noch rechtzeitig, die meisten Pflanzen waren schon vertrocknet und am Absterben. Aus dem Beifuß kochte sie zusammen mit Petersilie einen Tee, den sie literweise trank. Er schmeckte so bitter, dass Rosa sich beim Trinken die Nase zuhielt. Dann wartete sie.

Eine Woche lang trank und trank sie den Tee, doch die erwünschte Wirkung trat nicht ein. Stattdessen schmerzte ihr Bauch krampfhaft, wurde ihr schlecht vom Essen, hatte sie schwere, müde Beine. Ihr Gesicht glühte. Sie musste sich zwingen, all ihre Aufgaben so zu erfüllen, dass Agnes nichts auffiel. Doch Agnes war nicht dumm. Sie sah genau, dass ihre Magd nicht auf der Höhe ihrer Schaffenskraft war. Untrügliches Zeichen, dass es Rosa nicht gut ging, war, wenn sie weder summte noch sang. Gerade war sie ständig still. Kein Lied kam über ihre Lippen, ihre Fröhlichkeit war wie weggeblasen.

»Rosa, jetzt ist es gut«, erklärte Agnes schließlich. »Du bist krank und brauchst einen Arzt. Ich sage Doktor Allmann Bescheid.«

Um Gottes willen, dachte Rosa. »Nein«, widersprach sie, »dort war ich doch schon. Er kann mir nicht helfen.«

Agnes schaute Rosa prüfend an. »Dann legst du dich

jetzt ins Bett und kurierst dich aus. Das geht nun wirklich schon zu lange so.«

»Ja, das mach ich«, antwortete Rosa erleichtert und sah zu, dass sie in ihre Kammer kam. Dort legte sie sich in ihr Bett und deckte sich zu. Sie fühlte sich hundeelend und wollte nur noch weinen.

*

»Es ist immer noch da«, erstattete Rosa Emil eine Woche später im Stall verzweifelt Bericht.

Es war Anfang November, die Ernte eingeholt; das Leben auf dem Hof verlangsamte sich, es herrschte mehr Ruhe als an den geschäftigen Sommertagen.

Rosa hatte die Nachwirkungen ihrer Rizinus- und Trinkprozedur auskuriert. Tagelang hatte sie ausschließlich im Bett gelegen, bis sie überhaupt wieder in der Lage war, aufzustehen. Agnes versorgte sie in der Zeit mit Essen in der Kammer, erkundigte sich mitfühlend nach ihrem Befinden, hielt ihr sogar die Hand und betete mit ihr. Den Bauern bekam Rosa in der Zeit nicht zu Gesicht.

Emil kratzte sich am Kopf. Er war zwar verärgert, wollte es aber Rosa nach dem Martyrium der letzten Woche nicht unbedingt zeigen. Er konnte ja sehen, wie sie sich bemühte.

»Und jetzt?«, fragte er neutral.

Rosa zog hilflos die Schultern hoch, eine Geste, die ihr mittlerweile zur Normalität geworden war.

»Vielleicht hilft es etwas, wenn du springst oder rennst?«, überlegte Emil.

Also holte Rosa ein Seil aus der Stallkammer und lief rasch in den Wald, wo niemand sie beobachten konnte. Angestrengt versuchte sie, in einem regelmäßigen Rhythmus Seil zu springen. Sie hatte diese Bewegung schon als Kind, wenn sie mit ihren Geschwistern spielte, gehasst; nie hatte sie es im Gegensatz zu ihren Schwestern geschafft, das gleichmäßige Hüpfen über eine längere Zeit aufrechtzuerhalten, und das hatte sich nicht geändert. Sie war kräftig, aber nicht sportlich. Für diese Art von Betätigung fühlte sich Rosa einfach zu schwer. Nach kurzer Zeit gab sie schweißgebadet auf.

Am Abend saß Rosa mit Emil und Agnes in der Stube und nahm neue Maschen auf die Stricknadeln auf. Von ihrer Mutter hatte sie im Sommer mehrere Knäuel Wolle bekommen, die sie jetzt zu einer neuen Strickjacke verarbeiten wollte. Rosa arbeitete schnell und geschickt, das Stricken gehörte zu ihren Lieblingstätigkeiten, das sie in der gesamten kalten Jahreszeit beschäftigte. Wie sehr das Stricken eine entspannende Wirkung hatte, zeigte sich dadurch, dass sie unbewusst anfing zu summen.

Emil und Agnes sahen überrascht auf.

»Jetzt bist du wieder gesund, Rosa«, rief Agnes erfreut aus. »Man hört es dir an.«

Rosa hielt inne und sah erschreckt hoch. Ihr Blick glitt zu Emil, der sie warnend ansah.

»Es ist immer so schön, wenn du summst und singst«, bekräftigte Agnes. »Mach weiter.«

»Ich habe es gar nicht gemerkt«, sagte Rosa erstaunt.

Ja, es war wahr. Für einen Moment hatte Rosa ihre Sorgen vergessen, hatte ihr unbekümmertes Gemüt wieder die Oberhand gewonnen. Sie fühlte sich ertappt, freute sich aber über Agnes' Ermunterung. Und trotzdem kam ihr jetzt, nachdem Agnes es festgestellt hatte, schlagartig kein Ton mehr über die Lippen. Sie strickte weiter.

»Spielen wir?« Agnes deutete auf die Mensch-ärgere-dich-nicht-Schachtel, die schon seit geraumer Zeit unangetastet auf der Fensterbank lag. Während des Sommers waren sie wegen der Ernte und Agnes' schlechten Zustands nicht zum Spielen gekommen, dann folgte Rosas Unpässlichkeit.

Emil willigte ein, doch Rosa schüttelte den Kopf und ließ sich auch nicht überreden.

Sie wollte lieber stricken, ganz in sich versunken sein, nicht reden, nicht denken, nicht lustig sein müssen. Masche um Masche strickte sie, jetzt ganz still, während Emil und Agnes ohne sie das Spielfeld aufbauten. Wie hinter einem rauschenden Schleier hörte sie das Klackern der Würfel, die abgezählten Figurenschritte, das Lachen und Entrüstet-Sein der beiden, wenn einer Würfelglück hatte und der andere nicht. Jedes Mal, wenn sie eine Reihe fertiggestrickt hatte und die frei gewordene Nadel in der rechten Hand hielt, verharrte sie einen Moment und atmete tief durch.

Als es schließlich Zeit wurde, das Licht zu löschen und ins Bett zu gehen, nahm Rosa ihre Stricksachen mit auf ihre Kammer. Nachdem sie sich ihr Nachthemd angezogen hatte, saß sie auf der Bettkante und zog die Leibhose herunter. Eine Weile saß sie nur so da und versuchte, sich zu sammeln. Dann griff sie nach der Stricknadel. Sie ging in die Hocke und schloss die Augen.

»Ich krieg es einfach nicht weg.«

Wieder stand Rosa verzweifelt am Morgen im Stallgang und sah Emil flehentlich an.

»Was hast du gemacht?«, wollte er wissen.

»Ich … mit der Stricknadel … Aber ich glaube, ich hab es nicht richtig gemacht.«

Rosa war den Tränen nah, sie musste sich zusammenreißen. Sie hasste es, sich selbst solche Dinge antun zu müssen. Schon gar nicht wollte sie darüber sprechen. Sie wünschte sich einfach nur, dass Emil sie in den Arm nahm und sagte, dass alles gut sei.

Der Bauer war jedoch stocksauer. Seit Wochen ging das nun schon so, Herrgott, das durfte einfach nicht wahr sein! Er konnte sich gar nicht mehr richtig konzentrieren, und Agnes schaute auch schon ganz misstrauisch.

»Dann musst du es anders machen«, erklärte er. »Ich helf dir.«

»Aber wie willst du …?«

»Komm mit.« Er streckte die Hand nach ihr aus.

Zögerlich legte Rosa ihre Hand in seine. »Wohin?«

»Hoch.« Emil zeigte mit dem Kinn nach oben zum Heuboden.

Rosa war gerade ganz und gar nicht nach einem Stelldichein, aber er machte einen so strengen, entschiedenen Eindruck, dass sie ihm folgte. Oben angekommen hielt sie unentschlossen hinter Emil an und wartete. Emil stand mit dem Rücken zu ihr, ballte die Hände, drehte sich urplötzlich um und schlug ihr unvermittelt mit der Faust in den Bauch.

»Aua!« Rosa krümmte sich und ging zu Boden. Tränen schossen ihr in die Augen. »Bist du verrückt?«

Nur kurz darauf war Emil über ihr, drehte sie auf den Rücken und stieß ihr wie ein Besinnungsloser immer und immer wieder seine Faust in ihren Bauch.

»Hör auf«, schrie Rosa in höchster Verzweiflung. »Hör auf, bitte!«

»Sei still!«, raunzte er sie an. »Sonst hört die Agnes dich noch.« Mit der linken Hand hielt er ihr den Mund zu, mit der rechten holte er aus.

Irgendwann hielt Emil inne und sank neben ihr ins Heu. Er verdeckte sein Gesicht hinter den Händen, die gerade noch seine Magd malträtiert hatten, und atmete schwer, während Rosa wimmerte und sich vor Schmerzen wand.

Emil nahm die Hände herunter und blickte sie an. »Es tut mir leid, aber es musste sein.« Mühsam rappelte er sich auf.

»Es tut so weh«, jammerte Rosa.

»Bleib liegen und erhol dich. Sieh zu, dass du bis zum Mittagessen wieder in Ordnung bist. Jetzt muss diese verdammte Frucht doch endlich abgehen!«

Er strich über ihr verheultes Gesicht und verschwand nach unten in den Stall.

Benommen lag Rosa im Heu und starrte an die Decke. Lieber Gott, lass mich sterben, betete sie. Ich kann diesen Wahnsinn nicht mehr ertragen. Sie hörte, wie Emil unten mit den Melkeimern hantierte. Langsam setzte sie sich auf. Ihr Kopf dröhnte, und sie fühlte sich, als würde ihr Innerstes aufbrechen und in tausend Einzelteile zerfallen. Heiße Wellen waberten durch ihren Leib, und sie musste sich zusammenreißen, um sich nicht zu übergeben.

Es dauerte bis zur Mittagszeit, bis Rosa so weit wiederhergestellt war, dass sie sich vom Heuboden heruntertraute.

»Wo warst du?«, fragte Agnes, als sie sich an den Tisch setzte.

»Sie hat die Stallkammer aufgeräumt«, antwortete Emil für Rosa.

»Ich hab ganz die Zeit vergessen«, ergänzte Rosa.

Sie starrte auf ihren Teller, während sie mit den beiden ein Gebet murmelte. Sie wollte nichts essen. Sie konnte nicht. Ihr war einfach nur schlecht. Doch um die erstaunte Agnes nicht weiter zu verwundern, griff sie tapfer nach dem Löffel und tat, als ob nichts sei. Nach dem Essen ging sie nach draußen zum Misthaufen und erbrach alles, was sie zuvor in sich hineingezwungen hatte.

Drei Tage später hatte Emil eine neue Idee. Wieder führte er Rosa auf den Heuboden und hieß sie, sich hinzulegen.

»Jetzt nicht«, wehrte Rosa ab, die weitere Boxhiebe in ihren Unterleib fürchtete.

Doch diesmal ging Emil sanfter zu Werke. Er knetete ihren Bauch und erhöhte nur langsam den Druck, indem er sich mit beiden Händen auf ihrem Unterleib aufstützte und sich mit seinem Körpergewicht auf sie legte. Es war unangenehm, tat aber nicht weh. Wenn es denn etwas brachte. Denn allmählich gab Rosa die Hoffnung auf. Ihre Leibesfrucht ließ sich einfach nicht abstoßen. Wenn Emils neue Methode Erfolg brachte, so sollte es ihr recht sein. Sie selbst wusste sich nicht mehr zu helfen.

Nach einer Weile griff Emil unter ihren Rock, den Schenkel hinauf, fand schnell den Weg unter ihre Leibwäsche und stieß mit seinen Fingern in ihr Innerstes vor.

»Was machst du?«, fragte Rosa erschreckt. Sie spürte einen heftigen Schmerz.

»Ich kratz es raus.«

»Bist du verrückt?«

Sie versuchte, ihn abzuwehren, aber gegen das Gewicht seines Körpers auf ihrem kam sie nicht an. Sie spürte seine Finger, und es war unangenehm, aber sie harrte aus. Was blieb ihr denn auch anderes übrig? Das Kind musste weg.

Als Emils Hand wieder zum Vorschein kam, öffnete er damit seine Hose, zog sie herunter, legte sich wieder auf Rosa und drang unvermittelt in sie ein. Rosa war so überrascht von seinem schnellen Vorgehen, dass ihr keinerlei Reaktion einfiel. Sie wusste sich nicht zu wehren.

Es tat weh. Still und starr lag sie da und ließ ihn gewähren. Sie sah auf zur Decke über ihr, entdeckte den dem Haus Glück bringenden Ochsenkopf direkt unter dem Dach, der vor ihren Augen hin und her wackelte. Als es vorbei war, stöhnte Emil auf und ließ sich zur Seite fallen. Der Ochsenkopf blieb stehen. Wie ein Karussell, das abrupt angehalten wurde. Rosa konzentrierte sich nun auf den querliegenden Balken, fixierte ein großes Astloch, das sie erkennen konnte.

»Ist es jetzt weg?«, fragte sie nach einer geraumen Weile, ohne den Blick abzuwenden.

»Sag du's mir.«

Emils Gesicht schob sich zwischen den Balken und ihre Augen. Er schaute zärtlich. Ihr war nicht nach Zärtlichkeit. Sie drehte den Kopf zur Seite, sein Mund traf ihre Wange.

»Es tut mir leid«, sagte er leise. »Es musste sein. Es muss doch verdammt noch mal abgehen.« Er schnaufte.

»Aber du weißt, dass ich dich gern hab, oder? Das weißt du doch, Rosa, gell?«

»Ja«, antwortete Rosa.

Er hatte sie gern, natürlich. Er tat das alles ja *für sie*. Er hätte sie auch vom Hof jagen können mit ihrem unehelichen Bastard. Stattdessen half er ihr. Und sie, sie liebte ihn. Aber das, was gerade passiert war, hatte schlicht gar nichts damit zu tun, wie es früher zwischen ihnen gewesen war. Es war abstoßend. Wieder wurde ihr schlecht, und am liebsten wäre sie tot gewesen.

Emil stand auf, zog seine Hose hoch, schloss Reißverschluss und Gürtel und hielt ihr die Hand hin. »Na komm, wir müssen aufstehen. Sonst kriegt die Agnes noch was mit.«

Mechanisch ließ Rosa sich hochziehen. Sie klopfte noch das Heu von ihrem Rock, als Emil schon längst über die Leiter nach unten hinabgestiegen war. Lieber Herrgott, betete sie, gib mir Frieden und lass diese Leibesfrucht endlich verschwinden. Sie atmete tief ein und aus, bis sie glaubte, genug Kraft geschöpft zu haben, um hinabzusteigen und weiterzuarbeiten.

*

Rosa horchte in sich hinein. Sie hatte das Gefühl, in ihr loderte eine Flamme. Und je mehr sie versuchte, diese Flamme zu löschen, desto stärker loderte sie auf.

Alle Versuche waren umsonst. Springen, Hüpfen, Beifuß, Petersilie, Rizinusöl – sinnlos. Die Boxhiebe von Emil – außer Schmerzen hatten sie ihr nichts gebracht. Und jetzt versuchte er fast täglich, die Leibesfrucht aus

Rosa herauszukratzen. Das war die unangenehmste Prozedur von allen, und dass er sich danach auch noch mit größter Selbstverständlichkeit auf sie legte, konnte Rosa kaum ertragen. Nie fragte er, ob es ihr recht sei. Nie war sie in der Lage, ihn von sich zu stoßen, zu sagen, dass sie es nicht mochte. Er schwor ihr, dass er es aus Liebe tat, für ihre Zukunft ohne Schandmal, und tatsächlich glaubte sie ihm noch immer. Aber schmerzhaft und scheußlich war sein Vorgehen dennoch. Sie war froh über jeden Tag, an dem er sie nicht auskratzen wollte.

»Du kannst es nicht zur Welt bringen, Rosa«, redete Emil weiter eindringlich auf sie ein. »Jetzt schon gar nicht mehr. Wir haben so viel dagegen getan, es kann ja nicht mehr normal werden. Das wird ein Krüppel – oder ein Idiot.«

Die Frage, was sie denn noch machen solle, hatte sie aufgegeben. Sie konnte nichts mehr tun. Dieses Kind wollte in ihr wachsen und ließ sich nicht aufhalten, egal, wie sehr sie sich bemühte. Und jetzt behauptete Emil, dass es auch noch idiotisch werden würde. Rosa resignierte.

Sie wechselte das Mieder. Jetzt trug sie eines mit Schnüren, die sie so fest zuband, wie sie nur konnte. Das kalte Wetter der beginnenden Wintermonate kam ihr entgegen, um ihren wachsenden Bauch zu verstecken. In Windeseile hatte sie ihre Jacke fertig gestrickt, die sie nun tagtäglich über ihrer Arbeitstracht trug.

Agnes wirkte arglos. Rosa arbeitete fleißig wie eh und je, ließ sich in Gegenwart der Bäuerin nichts anmerken. Nur am fehlenden Summen hätte Agnes merken können, dass etwas grundlegend nicht stimmte. Doch sie war selbst mit ihrer eigenen Schwangerschaft beschäftigt. Ihr Bauch wuchs beträchtlich, im neuen Jahr sollte es bald so weit sein.

Agnes stand ihre Schwangerschaft gut. Sie hatte eine rosige Haut, ihr Gesicht war runder geworden, in ihren Augen schimmerte ein Glanz, den nur werdende Mütter hatten. Sie war freudig entrückt. Die Anweisung der Hebamme, sich weiterhin zu schonen, nahm sie ernst. Sie verbrachte nach wie vor viel Zeit auf dem Sofa und strickte Babykleidung. Schließlich kam ihr Kind im Winter zur Welt und musste warm angezogen werden. Ihr Mann beobachtete den wachsenden Stapel an kleinen Stramplern, Strümpfen und Hosen mit Wohlwollen, tätschelte seine Frau häufig am Arm und lächelte sie an. Im Ehebett ließ er sie nach einer kurzen Phase der Bedrängnis wieder in Ruhe. Er verstand, dass diese Zeit dafür nicht die richtige war. Agnes war rundum glücklich.

Die Hebamme hatte außerdem erklärt, dass die schwangere Agnes auf gar keinen Fall schwer tragen solle. Wenn nun also das Baden in der Stube anstand – und das war alle zwei Wochen der Fall –, war es ausschließlich Rosas Aufgabe, das Wasser zum Aufwärmen in zwei Zinkeimern auf den Herd zu stellen und diese danach in die Stube zu tragen und in den dort platzierten Zuber zu schütten. Ein ums andere Mal lief Rosa mit vollen Eimern von Brunnentrog in die Küche und von der Küche in die Stube. War der Zuber voll genug und die Temperatur angenehm, kam Agnes in die Stube, zog den Vorhang davor zu, der zu diesen Gelegenheiten extra an die Stange an der Decke gehängt wurde, und entkleidete sich. Sie glitt ins warme Wasser und genoss den Moment der Entspannung.

»Rosa«, rief sie nach einer Weile, »das Wasser wird kalt.«

Rosa stand da längst schon wieder in der Küche vor dem Herd und wärmte die nächsten zwei Zinkeimer mit Wasser auf. Mit zwei Topflappen griff sie die Henkel und lief mit den Eimern in die Stube. Vor dem Vorhang setzte sie kurz ab, um diesen zur Seite zu ziehen.

Dahinter saß Agnes im Zuber und wartete auf Nachschub. Sie hielt sich mit beiden Händen am Zuberrand fest, die Knie in der kleinen Wanne waren angewinkelt, während Rosa langsam den ersten Eimer warmen Wassers hineingoss. Aus dem Augenwinkel beobachtete sie Agnes' gewachsenen Bauch, die volleren Brüste.

Agnes lächelte sie an. »Hilfst du mir mit den Haaren?«

Rosa nickte und stellte den zweiten Eimer hinter den Kopf der Bäuerin. Mit einer Schöpfkelle ließ sie das Wasser über deren Haare hinabrinnen, bis diese ganz nass waren. Mittlerweile war es ein eingespieltes Ritual. Agnes liebte es, sich von Rosa die Haare einseifen und ausspülen zu lassen. Rosa wiederum freute sich daran, dass es Agnes gefiel.

Während Rosa die Haare einseifte und die Kopfhaut massierte, strich Agnes über ihren Bauch.

»Jetzt hat es sich gerade bewegt«, erklärte sie erfreut.

Rosa griff nach der Schöpfkelle, um die Seife auszuwaschen.

»Ich bin so gespannt, ob es ein Bub wird«, fuhr Agnes fort. »Was glaubst du, Rosa? Bub oder Maidle?«

»Ich weiß es nicht.«

Das Wasser rann die Haare herab.

»Ich glaube, es wird ein Bub«, überlegte Agnes zufrieden. »Der Emil wünscht sich doch unbedingt einen Erben.«

»Fertig«, sagte Rosa.

»Reichst du mir das Handtuch?« Agnes hielt sich wieder mit den Händen am Zuberrand fest und erhob sich. Nackt stand sie im Zuber vor Rosa, während das Wasser an ihr herunterlief. Rosa beeilte sich, das Tuch zu holen, und schaute nach unten, als sie es der Bäuerin reichte. Danach hielt sie ihre Hand hin, die Agnes ergriff, um aus dem Zuber zu steigen.

»So. Jetzt kannst du rein«, erklärte sie, nachdem sie sich ihre frische Leibwäsche und das Oberkleid übergezogen hatte.

»Ja, ich hol noch meine Sachen.« Rosa wandte sich zum Gehen.

»Brauchst du Hilfe?«

Es war eigentlich keine Frage, Agnes sagte es nur aus Höflichkeit. Sie hatte Rosa noch nie beim Baden geholfen, und Rosa war froh, sie nicht mehr in der Stube anzutreffen, als sie mit ihrem Handtuch und ihrer Wäsche zurückkehrte. Rasch zog sie sich aus und ließ sich ins Wasser sinken, das nur noch lauwarm war. Für Rosa, die sich sonst nur mit kaltem Brunnenwasser aus einer Schüssel in ihrer Kammer wusch, war es noch angenehm genug.

Sie schaute in dem seifigen Wasser auf ihren Bauch herab, der deutlich runder als sonst war, und dachte an Agnes' Zufriedenheit zurück, während sie ihr die Haare gewaschen hatte. Welch Glück sie hatte, dass sie sich auf ihr Kind freuen durfte. Rosa musste sich zusammenreißen. Sie durfte solche Gedanken nicht zu nah an sich heranlassen. Sie griff nach der Kernseife und begann, sich ordentlich zu waschen. Mit der Schöpfkelle ließ sie das Wasser nun über ihren eigenen Kopf laufen. Es vermischte sich mit den Tränen, die Rosa überkamen.

Nachdem Rosa ihr Bad beendet hatte, stand das Wasser Emil zur Verfügung. Sie hatte noch Glück, dass er ihr stets den Vortritt ließ, denn eigentlich war die Magd als Letzte an der Reihe. Damit er es warm hatte, lief Rosa, kaum dass sie sich angezogen hatte, wieder in die Küche und holte zwei weitere Eimer. Hatte Emil sein Bad beendet, schöpfte sie alles Wasser wieder heraus und schüttete es vor das Haus. Emil half ihr zum Schluss dabei, den fast leeren Zuber aus der Stube zu tragen.

Draußen im Schopf, wo er gelagert wurde, zog er sie an sich. Auch das war längst zum Ritual geworden. Eines, das Rosa lange sehr gemocht hatte. Der Geruch nach Seife, die frische Wäsche, die weich gewordene Haut – meist waren ihre Begegnungen hier von besonderer Hingabe und Zärtlichkeit. Auch heute war Emil lieb und sanft zu ihr, ganz, als wollte er sich entschuldigen für sein hartes Benehmen in den Tagen zuvor. Nach den letzten unangenehmen Malen auf dem Heuboden genoss Rosa seine Liebkosungen und Küsse, und zum ersten Mal nach langer, langer Zeit sagte er ihr wieder die Worte, die sie dazu brachten, durchzuhalten: »Ich liebe dich, Rosalein.«

*

Als die Weihnachtszeit begann, spürte Rosa, dass aus der lodernden Flamme kleine Bewegungen wurden. Sie stellte sich vor, wie der kleine Mensch in ihr mit seinen Füßchen gegen ihren Bauch stieß. Sie empfand darüber keine Freude, sondern Ekel. Sie wusste, dass sie sich keine Hoffnungen für ihr Kind machen durfte. Sie durfte keine Liebe empfinden und hasste sich dafür.

Selbst wenn es auf die Welt kam, so würde es idiotisch sein. Das hatte Emil die letzten Male immer und immer wieder gesagt und weiterhin versucht, die Leibesfrucht aus ihr herauszukratzen. Daher rührte das Gefühl des Ekels. Der dann folgende Beischlaf bestätigte Rosa darin, dass er sie nicht allein ließ, dass er nur sie begehrte. So redete sie es sich ein, um das alles überhaupt auszuhalten. Sie war nicht allein, er wollte ihr helfen, sagte sie sich. Er liebte sie, sie liebte ihn. Und dennoch: Was ihr Kind anging, so blieb er hart.

»Du musst es verschwinden lassen, Rosa. Das Kind muss doch einfach mal abgehen.«

Rosa zuckte wie immer verzweifelt mit den Achseln. »Es verschwindet aber nicht.«

»Das muss es aber, Rosalein. Denk drüber nach.«

Emil schloss den Gürtel und ließ sie im Heu liegen. Er ist so anders als im Schopf, dachte Rosa resigniert, während sie sich aufrichtete. Sie sah Emil nach, wie er die Leiter hinunterkletterte.

Trotz seiner Warnungen erlaubte sie sich manchmal den Gedanken, wie es wäre, wenn sie das Kind nicht verschwinden ließe. Wohin sie gehen würde. Dabei kam ihr ihr Elternhaus in den Sinn.

Rosa hatte zehn Geschwister, sie selbst war das

sechste Kind ihrer Eltern. Nur noch drei lebten daheim, die anderen waren schon verheiratet oder arbeiteten auswärts, als Knecht oder Magd wie sie oder, die Jüngeren, als Hirtenbuben. Wenn Rosa mit ihrer Familie zusammenkam, war es immer schön. Ihre Eltern und einige Geschwister sah sie meist am Sonntag in der Kirche, und einmal im Monat nahm Rosa das Fahrrad und radelte die acht Kilometer zu ihrem kleinen Gehöft.

Zu Weihnachten hatte Emil ihr freigegeben, und so konnte sie sogar über Nacht in ihrem Elternhaus bleiben. Sie trafen sich auf halbem Wege in der Kirche am Heiligenabend, danach wollte Rosa direkt mit zu ihrer Familie gehen. Sie betete, dass sie den Mut haben würde, sich dort zu offenbaren.

Im Weihnachtsgottesdienst fand sich die Gemeinde komplett ein. Rosa lief gemeinsam mit Agnes und Emil in die Kirche, ließ die beiden vorangehen und setzte sich dann zu ihrer Familie im hinteren Teil. Sie spürte förmlich alle Blicke der Besucher auf sich. Oder bildete sie sich das nur ein?

Agnes schritt gemessenen Schrittes neben ihrem Mann den Mittelgang herunter zu ihren Eltern, die in der dritten Reihe schon warteten, und reckte stolz den Bauch unter ihrem Wintermantel nach vorne. Alle sollten sehen, dass ein Hofnachfolger im Anmarsch war. Doch Rosa wurde das Gefühl nicht los, dass auch sie unter Beobachtung stand. Erst sahen sie zu Agnes, dann zur Magd. So war es auf dem Wald: Man wurde ständig überall von allen gemustert. Rosa hoffte, dass ihr Mantel sie ausreichend unverdächtig aussehen ließ.

Maria Wöhrle, da war sie sich sicher, schaute ganz genau hin. Seit dem Öhmden schaute Maria Wöhrle immer ganz genau hin. Und danach tuschelte sie mit Erna Draxler, der Schwester von Emil, die mit ihrem Mann den kleinen Lebensmittelladen im Dorf führte und sowieso immer alles wusste. Herta Spiegelhalter wollte da nicht zurückstehen und ebenfalls das Neueste vom Neuesten erfahren, und zu guter Letzt stieß Elfriede Katzuleit hinzu, die Soldatenwitwe aus dem Osten mit ihren zwei minderjährigen Kindern, das dritte hatte sie auf der Flucht verloren. Elfriede Katzuleit wollte einfach dazugehören, das verstand hier jeder, und trotzdem zerrissen sich vor allem die Frauen das Maul über ihre anbiedernden Versuche, den hiesigen Dialekt nachzuahmen. Fast jeder Satz von ihr begann mit »weisch« und endete mit »gell«, und wenn Elfriede Katzuleit wüsste, was die Leute hier so darüber sagten, dann hätte sie es wahrscheinlich gelassen und lieber ihren schlesischen Singsang beibehalten.

Nach dem Gottesdienst standen die Gemeindemitglieder auf dem Kirchplatz im frischen Schnee und plauderten, und Rosa war sich sicher, dass die vier Klatschweiber genau sie im Blick hatten. Sie fühlte sich unwohl. Maria Wöhrle wünschte ihr ein schönes Fest und erkundigte sich, wie es so ging.

»Ach, zur Familie nach Hause geht's? Ja, kann der Emil denn überhaupt allein bleiben mit der ganzen Arbeit? Ohne deine Hilfe.« Sie machte ein freundliches Gesicht.

Nach Agnes fragte sie nicht. War das nicht hinterhältig? Rosa witterte Absicht dahinter. Damit die Tratschtante was zum Verzählen hatte.

Emil schien sich aus dem Geschwätz nichts zu machen, stattdessen kam er zu Rosa und drückte fest ihre Hand. So, dass Maria Wöhrle es sehen musste. Und Herta Spiegelhalter, die direkt neben ihr stand.

»Frohe Weihnachten.« Emil lächelte sie verschwörerisch an, dass es Rosa ganz heiß wurde. Sie lächelte vorsichtig zurück. Dann wandte er sich zu ihren Eltern, wünschte auch ihnen ein schönes Fest und scherzte, dass sie ihm seine gute Magd doch bald wieder schicken sollten. »Was wären wir auf dem Lenzenhof ohne die Rosa!«

Alfred und Martha Löffler fühlten sich geschmeichelt und lächelten dem jungen Lenzenbauern noch hinterher, als dieser schon längst nach dem Arm seiner Frau gegriffen und sich verabschiedet hatte.

»Ja, Maidle«, ihre Mutter kniff ihrer Tochter wenig später in der Stube mit den Fingern in die linke Wange, »du siehst ja ganz schön proper aus. Isst du zu viel auf dem Lenzenhof?«

Rosa schüttelte den Kopf. Frag mich, dachte sie flehentlich.

»Der Emil Dold ist sehr nett«, fuhr ihre Mutter fort. »Da hast du Glück gehabt. Aber du musst aufpassen. Nicht, dass die Leut' denken, du würdest dem Bauern alles wegfuttern.«

Sie lachte auf, aber jeder in der Stube wusste, dass sie es ernst meinte.

»Ich kann nichts dafür«, rechtfertigte sich Rosa, während sie weiterhin hoffte, dass ihre Mutter auf das Naheliegende kommen würde.

Wahrscheinlich war es nicht naheliegend, denn bis sie Emil kennenlernte, hatte sie ein keusches Leben geführt, und ihre Eltern wussten es. Sie gingen davon aus, dass ihre tiefgläubige katholische Tochter sich immer gut verhielt. Bis jetzt hatte sich ja auch noch nie jemand beklagt über sie. Warum sollte sich das geändert haben? Eher dachte also ihre Mutter, sie würde dem Bauern die Vorräte wegessen, statt zu überlegen, ob es noch andere Ursachen geben könnte. Und wenn sie es doch vermuten würde, was würde Rosa dann sagen? Sie konnte doch nicht zugeben, dass sie mit dem Bauern ins Heu ging. Es war ihr alles peinlich. Andererseits wollte sie sich doch bei ihren Eltern offenbaren. Damit der Druck, den sie verspürte, endlich nachließ, die Heimlichkeit ein Ende hätte, auch wenn die Wahrheit eine Schande war. Ja, fast täglich wünschte sich Rosa, dass ihre Schwangerschaft, von wem auch immer, entdeckt werden würde. Sollte Agnes sie doch entlarven und vom Hof jagen. Gerade jetzt, zu Weihnachten im Kreise ihrer Familie, erschien das Rosa die beste Möglichkeit.

Ihre Schwester Irma kam und setzte sich neben Rosa auf das Sofa. Anfang Februar sollte es bei ihr so weit sein, das dritte Kind, ganz offiziell. Mit einem Stöhnen streckte sie ihren schwangeren Bauch noch weiter hervor.

»Ich sag's euch, bin ich froh, wenn ich den Bauch nicht mehr schleppen muss«, ächzte sie fröhlich und zeigte auf Rosas Körpermitte. »Aber Schwesterle, wenn du so weitermachst, dann hast du bald auch ohne Kind so einen Bauch wie ich«, lachte sie, und der Rest der Familie stimmte ein.

Rosa lachte als Einzige nicht mit, und die anderen dachten, sie wäre wegen Irmas Bemerkung beleidigt. Dabei hoffte Rosa nur, dass es jemand aussprechen würde. Sie mussten es doch *sehen*! Rosa wünschte, sie könnte einfach aufspringen und sagen, »ja, ihr habt recht, ihr seht es doch, ich bin schwanger«, aber sie brachte es nicht fertig. Irgendetwas in ihr hielt sie davon ab. Sie schämte sich. Sie wollte nicht, dass ihre Eltern dachten, sie sei liederlich. Sie wollte kein Kind bekommen, das idiotisch sein würde, und daran hätte sie nach all den Abtreibungsversuchen auch noch selbst schuld. Nein, es war besser, wenn hier niemand sah, wie es ihr ging. Sie musste allein klarkommen.

Die Widersprüchlichkeit ihrer Gefühle und Gedanken war für Rosa kaum zu ertragen. Sie hoffte, dass ihre Familie es sah, und gleichzeitig, dass sie es nicht tat. Sie wollte, dass ihre Mutter oder ihre Schwestern sie fragten, und sie wollte es nicht. Ach, sie wusste es einfach nicht!

»Du bist genauso weit wie die Agnes«, sagte Rosa jetzt beiläufig zu Irma. »Das Kind kommt auch im Januar.«

»Endlich ist die Agnes unter der Haube und jetzt auch noch schwanger. Das erste Kind in ihrem Alter. Was für ein Glück«, warf ihre Mutter ein. »Das hätt' man ja nicht mehr gedacht, dass sie noch einen Mann abkriegt.«

»Wie ist sie denn so?«, fragte Irma.

»Sie ist recht«, erwiderte Rosa. »Man kann gut mit ihr leben.«

»Sie sieht so schief aus«, meinte Irma lachend und ahmte den Mund von Agnes nach.

»Lass gut sein, Irma. Nur weil sie nicht so schön aussieht, heißt das ja nicht, dass sie nicht recht ist, oder?«, entgegnete Alfred, Rosas Vater.

Rosa schüttelte den Kopf. »Nein, sie ist recht. Es ist alles gut auf dem Lenzenhof.«

Damit war für ihre Familie das Thema beendet und sie wandten sich den nächsten Personen zu, die ihnen in der Kirche aufgefallen waren. Rosas Eltern und Geschwister waren nicht anders als die anderen Mitglieder der Gemeinde. Sie beobachteten und hechelten alle durch. Nur bei ihrer eigenen Tochter und Schwester, da taten sie es nicht. Da schauten sie nicht. Und Rosa brachte es nicht fertig, sie darauf zu stoßen.

Sie war froh, als die Feiertage in ihrem Elternhaus vorüber waren. Unverrichteter Dinge, noch immer mit dem großen Geheimnis unter ihrem Herzen, kehrte Rosa auf den Lenzenhof zurück. Emil zog sie im Stall sogleich an sich, und sie wehrte sich nicht, denn sie wünschte sich nichts mehr, als von ihm gehalten und getröstet zu werden. Doch auf dem Heuboden stand Emil nach Romantik und Zärtlichkeit gar nicht der Sinn. Hastig ging er zur Sache, und genauso schnell verschwand er wieder nach unten und ließ sie allein im Heu zurück. Rosa brauchte eine Weile, bis sie sich gefangen hatte. Am liebsten wollte sie vor Kummer und Bedürftigkeit weinen. Doch es ging nicht.

»Rosa, wo bleibst du?«, rief Emil von unten.

Rosa seufzte, stand auf, ordnete ihre Kleidung und Haare, kletterte die Leiter hinab und begann mit dem Melken.

*

Das neue Jahr 1951 begrüßte Rosa gemeinsam mit Emil und Agnes auf dem Lenzenhof. Den ganzen Silvesterabend spielten sie wie so häufig Mensch-ärgere-dich-nicht, und alle gingen noch vor Mitternacht ins Bett. Schließlich mussten sie am nächsten Morgen genauso früh aufstehen wie sonst auch.

Für Agnes wurden die Tage immer beschwerlicher. Man merkte ihr bei jeder Gelegenheit an, dass das Kind bald kommen würde, und sie war ganz auf ihre Schwangerschaft konzentriert, noch mehr als zuvor, schaute weder rechts noch links und saß am liebsten in der Stube auf dem Sofa.

Rosa übernahm wieder die Küche, die Wäsche, den Stall sowieso. Sie arbeitete genauso hart und schnell wie immer. Niemandem fiel auf, dass sie sich eigentlich selbst auch schonen sollte. Aber wer sollte es schon sehen? Rosa vermied es mittlerweile, den Lenzenhof zu verlassen. Besorgungen im Laden von Emils Schwester Erna reduzierte sie auf ein Minimum. Selbst den Kirchgang am Sonntag ließ sie jetzt gerne ausfallen. Nicht jedes Mal, aber immer öfter. Denn dann musste sie weder den Pfarrer sehen, der sie schon wieder gefragt hatte, wann sie wieder zur Beichte käme, noch ihre Eltern und schon gar nicht die anderen Frauen, die nichts Besseres zu tun hatten, als sich das Maul zu zerreißen.

Rosa hatte Besseres zu tun. Sie musste weiterhin so tun, als wäre nichts gewesen, musste zum Schein saubere Binden auswaschen und aufhängen. Sie musste ihren Körper einschnüren, bis sie kaum noch Luft bekam, damit niemand sah, dass ihr Leibesumfang beträchtlich zunahm. Sie musste sich täglich zusammenreißen, tief durchatmen und dann hart arbeiten, als ob nichts wäre. Das alles gelang ihr erstaunlich gut. Gleichzeitig kümmerte sie sich rührend um Agnes, brachte ihr Tee, lagerte ihre Beine hoch, wenn Agnes sich lang auf das Sofa legte, und hörte ihr zu, wie sie sich darüber Gedanken machte, ob es ein Bub werden würde, ob alles gut ginge bei der Geburt, ob die Hebamme auch rechtzeitig da sein würde … Die Liste ihrer Sorgen war endlos, aber so war auch Rosas Geduld. Nie wurde ihr etwas zu viel. Denn je mehr die Magd sich um Agnes kümmerte, desto weniger musste sie an ihre eigenen Probleme denken.

Mitte Januar schaute Josefa, die Hebamme, vorbei.

»Eine Woche noch, höchstens zwei«, schätzte sie.

»Hoffentlich«, ächzte Agnes. »Wegen mir kann das Kind sofort kommen.«

»Wird schon.« Josefa stand auf und tätschelte Agnes den Arm. »Du kannst ja mal ein wenig aufstehen und herumlaufen, das hilft bestimmt ein bissle.«

Sie packte ihr Hörrohr in ihren Hebammenkoffer und wandte sich zum Gehen. Im Hausflur traf sie auf Rosa. Die Hebamme, die eine entfernte Verwandte von Rosas Vater war, musterte die Magd von unten bis oben.

Rosa zog die Strickjacke fester zusammen und verschränkte die Arme.

»Ist alles in Ordnung bei Agnes?«, fragte sie.

»So weit alles zufriedenstellend«, erwiderte Josefa. »Und bei dir?«

Rosa zuckte zusammen und hoffte, dass es der Hebamme nicht auffiel.

»Ja«, antwortete sie. »Es geht mir gut.«

Josefa nickte, während sie ihren prüfenden Blick nicht von Rosa ließ. »Irgendwie hast du dich verändert ... Ein bisschen runder geworden vielleicht?«

»Ja, das bin ich sicher.« Rosa versuchte zu lachen. »Ich ess' ein Stückle Kuchen und schon leg' ich an Gewicht zu, es ist wie verhext.«

»Ja, das klingt tatsächlich wie verhext. Ist wirklich alles in Ordnung?« Die Hebamme wartete einen Moment, doch Rosa reagierte nicht. »Na, dann gib mal gut auf dich acht. Ich gehe jetzt übrigens zu deiner Schwester Irma, da kann es jeden Moment so weit sein.«

Rosa öffnete Josefa die Tür. »Oh ja, wir sind schon alle gespannt. Grüß sie bitte von mir.«

»Das mach ich.«

Rosa schloss die Tür und lehnte sich dagegen. Angst überkam sie. Was hatte die Hebamme wahrgenommen? Was konnte sie gesehen haben? Sie überlegte, ob sie es Emil erzählen sollte, verwarf den Gedanken aber sogleich. Emil interessierte sich nicht dafür, wie sie ihren werdenden Nachwuchs versteckte. Das war einzig und allein ihr Problem, das hatte er mehr als einmal deutlich gemacht. Dass sie es nicht geschafft hatte, die Frucht abzustoßen, lastete er ausschließlich ihr an. Und wenn sie jetzt zu ihm ging, wusste sie schon, was er vorhatte. Danach stand ihr gar nicht der Sinn.

Rosa nahm sich vor, sich beim nächsten Besuch der Hebamme unsichtbar zu machen.

So weit kam es gar nicht, denn schon drei Tage nach deren Besuch setzten bei Agnes die Wehen ein. Rosa blieb bei ihr, während Agnes in der Schlafkammer auf und ab ging, immer wieder anhielt, sich krümmte und dabei laut stöhnte. Allein von dem Stöhnen wurde Rosa angst und bange. Sie hatte diese Laute schon früher mitbekommen, wenn ihre Mutter mit ihren jüngsten Geschwistern niederkam, und fragte sich mittlerweile, wie sie es angesichts solch offensichtlicher Schmerzen selbst schaffen würde, unauffällig ihr eigenes Kind zu gebären. Denn allem Auskratzen und sonstigen Versuchen zum Trotz – mittlerweile war es Rosa irgendwie klar, dass sie das Kind würde gebären müssen.

Doch jetzt ging es ganz um Agnes. Rosa bot ihre Hand an, die Agnes fest drückte, während sie vor Schmerzen das Gesicht verzog. Dann setzte sie sich auf einen Stuhl, und Rosa massierte ihr den Rücken. Dann wieder liefen sie gemeinsam hin und her. So ging es über Stunden. Schließlich spannte Emil, bevor die Dunkelheit einsetzte, das Pferd an, um die Hebamme zu holen. Es dauerte lange, bis sie schließlich in der Schlafkammer auftauchte.

»Ich bin gerade erst von deiner Schwester zurückgekommen, Rosa«, berichtete Josefa. »Sie hat einen gesunden Buben zur Welt gebracht. So, und jetzt machen wir hier weiter.«

Während die Hebamme das Kommando übernahm, freute sich Rosa innerlich für ihre Schwester. Wie gut sie es hatte, im Kreise ihrer Familie ihr Kind zu gebären. Irma hatte dazu einen anständigen Mann, der zwar ihrer Aussage nach nicht sehr zärtlich war, der sich aber um sie kümmerte.

Rosa wurde schließlich in die Küche geschickt, um Wasser warmzumachen, und sie war froh, aus der Kammer verschwinden zu können. Unten in der Küche hörte sie Agnes' laute Schreie und die beruhigende Stimme der Hebamme.

Emil tauchte im Türrahmen auf. »Wird das noch lange so gehen?«, fragte er mit schwerer Zunge.

Rosa zuckte mit den Schultern. »Ich weiß es nicht. Aber die Wehen werden heftiger.«

Emil näherte sich Rosa, sodass sie seinen Atem wahrnahm. Er hatte Schnaps getrunken.

»Es tut mir leid«, brachte er leise hervor.

Sag nichts, dachte Rosa. Sie starrte auf das kochende Wasser im Topf.

Emil langte mit seinen Händen an ihre Hüfte und zog sie an sich. Mit seinen Lippen fuhr er ihren Nacken entlang.

»Nicht jetzt«, wehrte Rosa ab. »Das Wasser …«

»Ich möcht' bei dir sein.«

»Lass mich.« Rosa machte sich frei. »Jetzt nicht. Du bist ja betrunken.«

»Ach, Rosa, Rosa, Rosalein.« Er versuchte, sie wieder an sich zu ziehen, doch Rosa blieb standhaft.

»Ich geh wieder hoch.« Sie griff nach den Topflappen und hob den heißen Wassertopf an. »Lass mich durch.«

Mit unsicherem Gang gab Emil den Weg frei und sah ihr nach, wie sie die Treppe hochstieg. Sie kam genau rechtzeitig, um die Schere zum Desinfizieren ins heiße Wasser zu legen. Agnes schrie und wand sich, die Hebamme hielt sie an, weiterzumachen, und schon bald konnte Rosa am Bettende stehend das Köpfchen sehen, das die Hebamme beherzt ergriff.

Als sie das Kind hochhob, fing es sofort an zu schreien.

»Ist es ein Bub?«, fragte Agnes außer Atem.

»Es ist ein Maidle«, erwiderte die Hebamme erfreut, »ein starkes, gesundes Maidle.«

Sie ließ sich von Rosa die Schere geben und schnitt die Nabelschnur durch, und Rosa sah genau hin. Geschickt wickelte Josefa das Neugeborene in ein Tuch, das Rosa ihr reichte, und legte es in Agnes' Arme.

»Ein hübsches Maidle hast du da geboren. Glückwunsch. So, jetzt warten wir noch auf die Nachgeburt.«

Agnes, die beim Anblick ihrer Tochter die erste Enttäuschung, dass es kein Bub war, sofort überwand, lächelte selig. »Sagst du Emil, dass er kommen kann?«, bat sie Rosa.

Diese nickte, raffte die blutverschmierten Tücher zusammen, die sie gleich morgen waschen würde, und verließ die Kammer.

Emil stand unten am Treppenabsatz und sah Rosa im schwachen Schein des Flurlichts erwartungsvoll entgegen. »Und?«

»Du kannst reingehen«, sagte Rosa. »Es ist ein Mädchen.«

Sie hatte nicht erwartet, dass Emil in seinem betrunkenen Zustand so schnell die Treppe nehmen konnte. Er verschwand in der Kammer und kehrte erst nach einer Stunde zurück.

Er strahlte. »Wir nennen sie Stefanie«, erklärte er.

»Das ist ein schöner Name«, erwiderte Rosa. Sie spürte einen Stich, weil Emil glücklich aussah. Es war wohl doch nicht so schlimm, dass es kein Bub geworden war.

Spät in der Nacht kam die Hebamme mit einer Schüssel in die Stube und drückte sie Emil in die Hand. »Da, die Nachgeburt. Am besten vergraben, das bringt Glück und Segen. Ist jetzt bei Schnee natürlich schwierig. So, und nun«, sie gähnte herzhaft, »möchte ich gerne schlafen, am besten hier. Der Weg zurück ist doch arg weit, und dann kann ich gleich am Morgen nach Agnes und dem Kind sehen. Geht das?«

»Selbstverständlich«, nickte Emil.

Rosa, die mit Emil in der Stube gewartet hatte, sprang auf. »Ich beziehe dir das Bett in der leeren Knechtkammer.«

»Ich komme gleich mit.« Josefa hatte es eilig, sich schlafen zu legen.

Als Rosa die Stube verlassen wollte, hielt Emil sie auf.

»Da«, sagte er und streckte ihr die Schüssel mit der Nachgeburt hin, »gib's der Sau. Und gute Nacht. Lang ist sie ja nicht mehr.«

Nur drei Stunden später klingelte Rosas Wecker, den sie sonst nie benötigte, und holte sie aus tiefem Schlaf. Sie knipste das fahle Licht ihrer Nachttischlampe an und richtete sich stöhnend auf. Nach dem gestrigen langen Tag war sie erschöpft und hätte gern weitergeschlafen, aber es ging nicht. Die Kühe mussten gemolken, das Vieh gefüttert werden. Es duldete keinen Aufschub.

Auch das Wesen in ihrem Inneren wurde wach und bewegte sich. Rosa hasste diese Lebenszeichen. Sie verschränkte ihre Arme und krümmte sich, hoffend, dass die Bewegungen aufhörten.

Durch die Eiseskälte lief sie den dunklen Außengang

von ihrer Kammer zum Wohnbereich entlang und war froh, als sie ins Innere des Hauses trat, direkt neben die Schlafkammer des Bauernpaares. Sie horchte und überlegte, ob sie nach Agnes schauen sollte. Da sie aber keinen Laut hörte, entschied sie sich dagegen und ging die Treppe hinunter.

In der Stube lag Emil auf dem Sofa und schlief seinen Rausch aus. Er schnarchte. Rosa wusste, dass sie auf seine Hilfe im Stall heute nicht zählen konnte, und schloss leise die Tür. Auf der kleinen Kommode im Flur stand immer noch die Schüssel mit der Nachgeburt. Rosa nahm sie und ging zuerst in den Schweinestall. Nachdem sie im November ein Schwein geschlachtet hatten, gab es gerade nur noch zwei Säue. Rosa kippte die Schüssel um, die Nachgeburt plumpste in den Futtertrog, die zwei Säue stürzten sich drauf, und nach wenigen Sekunden war nichts mehr davon zu sehen.

Als Rosa nach dem Melken, Füttern und Ausmisten aus dem Stall zurückkehrte, lag Emil immer noch schlafend auf dem Sofa. Sie war spät dran, die Frühstückszeit längst vorbei, und Rosa hatte Hunger, hatte es doch am Vortag wegen der Geburt nicht die üblichen Mahlzeiten gegeben. Aus der Bauernschlafkammer konnte sie nun die Laute des Säuglings hören, und ein Lächeln huschte über ihr Gesicht. Sie würde jetzt als Erstes dafür sorgen, dass Agnes einen schönen heißen Tee und eine kräftige Hafersuppe bekam. Als junge Mutter brauchte sie anständige Nahrung.

In der Küche schürte Rosa das Feuer, setzte Wasser und Milch auf, rührte Haferflocken ein, als Josefa neben ihr auftauchte.

»Mutter und Kind geht es gut«, sagte sie und lächelte Rosa lange an.

Rosa versuchte, dem prüfenden Blick auszuweichen, und füllte Hafersuppe in eine Schüssel.

Josefa nahm ihr die Schüssel aus der Hand. »Ich mach schon.«

Rosa reichte ihr einen Löffel dazu. Als die Hebamme danach griff, umschlang sie Rosas Hand und hielt sie fest.

»Du kannst mit mir reden, Rosa, hörst du?«, sagte sie eindringlich.

Rosa zog stumm die Hand weg und wandte sich der Kochstelle zu. Sie konnte der Hebamme nicht ins Gesicht blicken. Einen Moment wartete Josefa noch, ob die Magd ihr etwas zu sagen hatte, und verließ dann mit der Hafersuppe die Küche.

Agnes durfte ihr Kindbett genießen. Rosa kümmerte sich um sie, brachte ihr in den ersten Tagen Essen ans Bett, übernahm die kleine Stefanie und wickelte sie. Immer, wenn sie Stefanie in den Armen hielt und deren Wärme spürte, wurde sie von Zuneigung überwältigt. Ein kleines Wesen, das ihrer Liebe und ihres Schutzes bedurfte. Rosa spürte, dass sie das auch wollte: Mutter sein, ein Kind in den Armen wiegen, ihm Milch geben. Doch wenn sie an ihr eigenes Kind in ihrem Bauch dachte, stellte sie diese Verbindung nicht her. Das Wesen in ihr war einfach nur lästig, nicht erwünscht und musste weg.

Agnes stand bald wieder auf und verbrachte jetzt die meiste Zeit wie in der Schwangerschaft in der Stube.

Dort hielt und stillte sie ihr Kind, legte es in die Wiege und setzte sich dann zu Emil und Rosa an den Tisch. Sie lächelte selig und zufrieden. Immer wieder brachte sie Emil dazu, innezuhalten und seine kleine Tochter zu beobachten, und es schmerzte Rosa zu sehen, welche Innigkeit das Ehepaar dabei verband, während sie selbst darum kämpfte, die Lebenszeichen ihres Ungeborenen kleinzuhalten.

Nach zwei Wochen stand die Taufe in der Kirche an. Danach sollten ein paar Gäste, Familienmitglieder und Nachbarn, erst im Kreuz zu Mittag essen und dann mit auf den Lenzenhof kommen, wo es Kaffee und Kuchen geben sollte. Insgesamt wurden knapp zwanzig Personen erwartet, und Rosa begann rechtzeitig damit, die Kuchen zu backen.

Mehl gab es noch ausreichend auf dem Hof, doch sie brauchte Hefe, Zucker, Rosinen und nicht zu vergessen echten Bohnenkaffee, denn Agnes fand, dass man den Gästen zu diesem Anlass keinen billigen Zichorienkaffee auftischen konnte. Es nützte also nichts, Agnes war der Gang ins Dorf nicht zuzumuten; Rosa musste selbst zum Lebensmittelladen von Emils Schwester Erna gehen.

Gott sei Dank war Winter. Rosa schnürte ihr Mieder so fest sie konnte, zog den Mantel darüber und machte sich auf den vier Kilometer langen Weg. Bei so viel Schnee kam das Fahrrad nicht infrage, sie musste laufen. Es strengte sie sehr an. Die Luft war eisig, und schon bald schmerzten ihre Finger und ihre Füße vor Kälte.

Erschöpft erreichte Rosa den Laden. Die Türklingel schellte, der Vorhang wurde zur Seite gezogen, und aus dem Hinterraum erschien Elfriede Katzuleit. Erna hatte vor drei Jahren Herz gezeigt und die Flüchtlingsfrau, die mit nichts ins Dorf kam, nicht nur eingestellt, sondern ihr auch zwei einfache Kammern über dem Laden für sich und ihre zwei Kinder zur Verfügung gestellt. So hatte die Arme nicht nur ein Dach über dem Kopf, sondern auch ein kleines Einkommen. Es war wirklich klein, denn an irgendeinem Punkt endete Ernas selbst so empfundene Großzügigkeit. Sie hatte schon mehr geleistet für die Vertriebenen als jeder andere im Dorf, oder nicht? Und außerdem durfte die Vertriebene sich ja auch hin und wieder an den Resten im Laden bedienen, die sonst im Müll gelandet wären.

»Salli«, grüßte Elfriede Katzuleit mit deutlichem Akzent, »was kann ich für Sie tun?«

»Ich brauche Rosinen, Zucker und Hefe«, zählte Rosa auf, »und Bohnenkaffee.«

Bei dem Wort Bohnenkaffee hielt Erna, die alles hörte, es nicht mehr hinter dem Vorhang aus. Als Tante des Täuflings war sie selbstverständlich beim Kaffeetrinken dabei. Es wurmte sie allerdings ein bisschen, dass nicht sie, sondern eine ihrer Schwestern die Gotti, also die Patentante der kleinen Stefanie werden sollte.

»Ja, Rosa«, gab sie sich leutselig, »bist du schon am Vorbereiten?«

»Natürlich, schon ist gut«, erwiderte Rosa. »Es sind ja nur noch drei Tage bis Sonntag. Morgen und übermorgen muss ich den ganzen Tag backen.«

»Rosa kann sehr gut Kuchen backen«, erklärte Erna ihrer Angestellten. »Das erzählt zumindest mein Bruder immer, der Emil. Der mag deine Kuchen, gell? Vor allem den Streuselkuchen.« Sie schaute Rosa zufrieden an. »Das wird sicher ein schönes Fest, mein Mann und ich freuen uns schon.«

»Ja«, erwiderte Rosa.

»Backst du denn den Streuselkuchen?«

»Ja, sicher.«

»Dass sie jetzt ein Kind bekommen haben, das ist ja wunderbar, gell?«, redete Erna weiter, und Rosa glaubte zu spüren, wie sie sie dabei genau betrachtete.

»Natürlich.« Rosa ließ sich nichts anmerken. Dachte sie zumindest.

»Schad', dass es kein Bub ist. Aber vielleicht kommt ja noch ein Hoferbe hinterher.«

»Bestimmt«, meinte Rosa.

Elfriede Katzuleit wog ein Kilo Zucker ab. »Und wie viel Kaffee soll's denn sein?«

»Davon brauche ich sicher auch ein Kilo.«

»Den Zucker ziehen wir mal ab«, erklärte Erna großzügig. »Ist ja schließlich das Kind meines Bruders, gell. Also, bestell schon mal Grüße. Bis Sonntag.« Sie zwinkerte ihr mit dem linken Auge zu.

»Bis Sonntag.« Rosa steckte alle Waren in den mitgebrachten Schlitzsack und sah zu, den Laden zu verlassen. Bloß nicht weiter auffallen.

Rosa fürchtete sich vor dem Sonntag, und sie sollte recht behalten. Um die Taufe in der Kirche kam sie herum, denn sie brauchte die Zeit zur Vorbereitung. Ins Kreuz war sie als Magd nicht geladen. Sie deckte die lange Tafel in der Stube, setzte sich in der Küche auf den Stuhl und mahlte stundenlang mit der Handmühle die Kaffeebohnen. Sie holte die Kuchen aus der Speisekammer und schnitt sie auf. Alles war perfekt vorbereitet, als die Taufgesellschaft eintraf. Im Nu war das Haus von Stimmen erfüllt, zwischendurch hörte man Stefanie schreien.

Agnes kam mit dem Säugling in die Küche. »Hier habe ich meine Ruhe, um die Kleine zu stillen«, erklärte sie und setzte sich auf den Stuhl.

Rosa nickte. »Setz dich nur weit genug vom Rauch weg.«

Während Rosa das heiße Wasser auf den Kaffeefilter laufen ließ, erzählte Agnes in der anderen Ecke der Küche von der gelungenen Taufe und dem guten Essen im Kreuz. »Und jetzt wollen alle deinen Streuselkuchen«, lachte sie. Dann hielt sie inne.

»Ja, sag mal, Rosa, jetzt seh' ich es erst, so von der Seite. Du wirst ja immer dicker«, stellte sie erstaunt fest.

Rosa erstarrte.

»Also, wenn ich's nicht besser wüsst', könnt' man denken, dass du schwanger bist.«

Rosa lachte übertrieben laut auf. »Das wäre ja verrückt. Nein, ich hab einfach ein bissle zugenommen. Ich weiß auch nicht. Ich muss Essen nur anschauen, schon nehme ich zu. Furchtbar. Am besten ess' ich selbst nichts vom Kuchen.«

»Wird bestimmt auch nichts übrigbleiben«, vermutete Agnes gnadenlos, während sie Stefanie den Rücken tätschelte.

»Dann ist es ja umso besser.« Rosa drehte sich zum Herd um und war froh, dass Agnes in dem Zwielicht der dunklen Rauchküche nicht sehen konnte, dass sie im Gesicht feuerrot geworden war.

Kurz darauf verließ Agnes die Küche wieder, und Rosa nahm zwei Kaffeekannen und trug sie hinüber in die Stube. Sie hatte rechtzeitig den Kachelofen eingeheizt und nun, mit den vielen Leuten, war die Temperatur im Raum sehr hoch. Rosa, die ihre Strickjacke wie einen Schutzpanzer trug, lief augenblicklich der Schweiß die Stirn herab. Sie platzte schier vor Hitze. Sie war froh, dass die Runde sich angeregt unterhielt. Nur Clemens Faller, Agnes' Vater, folgte mit seinen Augen ihren Bewegungen. Er schaute ganz genau hin, das war nicht zu übersehen. Rosas Blick fiel auf Emil, der überhaupt nicht hochsah, als sie den Kaffee direkt vor ihn stellte. Erna, nicht weit von ihrem Bruder entfernt, lächelte sie an und übernahm das Einschenken in die Tassen. Schnell verließ Rosa die Stube wieder. Sie atmete tief durch, als sie zurück in der Küche war.

Für sie war der Gang in die Stube ein Spießrutenlauf gewesen. Die stechenden Augen von Clemens Faller trafen sie ins Mark. Und dass Emil nicht mal hochschaute, war zwar verständlich – schließlich wollte er keine Gelegenheit für Geschwätz bieten –, trotzdem traf es sie. Überhaupt hatte er sich schon im Vorfeld kein bisschen dazu geäußert, dass die ganze Verwandtschaft zur Taufe einfiel. Wieder setzte Rosa Wasser auf und ließ es durch den Kaffeefilter laufen. Außerdem holte sie noch mehr Kuchen aus der Speisekammer.

Als sie den Nachschub an den Tisch brachte, unterbrach die Gruppe am Kopfende rund um Emil das Gespräch. Rosa hatte erneut das Gefühl, als würde jedermann sie anglotzen. Allen voran Clemens Faller. Der Einzige, der wieder nicht schaute, war Emil selbst.

Er wich ihr aus. Und hatten sie nicht gerade darüber gesprochen, dass die Magd ganz schön dick geworden sei? Ganz sicher hatten sie das. Rosa lief rot an, und das nicht nur wegen der erneuten Hitze. Nun stand Agnes auf.

»Komm, ich helf dir«, sagte sie und kam mit in die Küche, griff nach der nächsten vollen Kanne Kaffee und verschwand damit.

Jetzt sollten eigentlich genug Kaffee und Kuchen auf dem Tisch stehen. Zeit für Rosa, auch mal an sich zu denken. Denn sie hatte vorgesorgt. Sie aß ihren Streuselkuchen selbst auch gerne, und beim Anschneiden und Anrichten auf der Platte hatte sie einfach zwei Stücke für sich abgezweigt. Sie setzte sich an den Küchentisch und aß sie mit dem größten Vergnügen. Herrlich war das, sich die zuckersüßen Hefestreusel auf der Zunge zergehen zu lassen. Rosas Mundwinkel gingen nach oben, sie schloss die Augen. Eine Viertelstunde blieb ihr, sich daran zu erfreuen, nicht auf die Bewegungen in ihrem Leib zu achten und unbeobachtet ganz für sich zu sein. Als sie ihren Teller schon gespült hatte, kam Agnes herein und mahnte sie, jetzt mit dem Tisch-Abräumen anzufangen. Sie selbst trug auch Geschirr in die Küche, und so musste Rosa nur zwei weitere Male in die Stube gehen und ertragen, dass einer der Männer der Gästerunde, den sie nicht kannte, ihr an den Hintern langte. Sie kannte es von anderen Gelegenheiten, das war ganz normal, auch beim Beha-Bauern war es damals passiert; und Rosa mochte es nicht, hatte es bis jetzt aber auch immer ein wenig als Kompliment verstanden. Heute, als jeder Gang an die Gästetafel eine Qual war, hasste sie es.

Das abgeräumte Geschirr türmte sich vor den zwei Spülwannen auf dem Küchentisch. Lange war Rosa mit dem Abwasch beschäftigt. Aus der Stube drang lautes Lachen, sie hörte, wie jetzt wiederholt die Schnapsgläser gegeneinanderstießen. Als alles Geschirr wieder in den Schrank geräumt war, verabschiedete sich die Taufgesellschaft langsam. Rosa nahm die Schürze ab, stieg hinauf in ihre Kammer, zog ihre Stallkleidung an und ging zu den Kühen. Sie war fast fertig mit dem Melken, als Emil hinzukam. Als sie an der letzten Kuh saß, näherte er sich ihr, griff mit beiden Händen an ihre Brüste und küsste sie am Hals.

»Hör auf, jetzt nicht«, wehrte Rosa ab, doch er verstärkte seine Bemühungen nur noch.

»Jetzt stell dich nicht so an«, raunte er gereizt.

»Nein, lass mich.«

Rosa war so erschöpft, sie wollte nicht einmal seine Berührungen. Doch er ließ nicht locker und zog sie in die Stallkammer. Dort hieß er sie, sich über die Futtertruhe zu beugen, und hinter ihr schob Emil ihren Rock nach oben.

Es war kurz, heftig und schmerzhaft. Kein Wort fiel, und Emil ging danach einfach und ließ sie zurück. Rosa fühlte sich wie ein Putzlumpen. Benutzt und weggeworfen. Heute hasste sie ihn. Sie schwor sich, ihn beim nächsten Mal nicht an sich heranzulassen. Sie nahm sich sogar vor, ihm gleich morgen zu sagen, dass sie gehen würde. Wohin? Zu ihren Eltern. Ja, sie würde sich trauen, ihnen die Wahrheit zu offenbaren. Sie würden sie schon nicht verstoßen. Alles war besser, als hier bei Emil und Agnes zu bleiben.

Derart entschlossen verzichtete Rosa auf das Abendessen und ging direkt in ihre Kammer, legte sich ins Bett und schlief vor Erschöpfung augenblicklich ein.

*

Rosas Vorsatz, Emil beim nächsten Mal zu widerstehen oder gar den Hof zu verlassen, hielt nicht lange an. Schon am nächsten Tag, als sie gerade den Mund öffnen und ihren Entschluss mitteilen wollte, zeigte er sich wie verwandelt, behandelte sie rührend und sprach von Liebe. Als hätte er sein schändliches Verhalten selbst bemerkt, dachte Rosa und fühlte sich geschmeichelt.

»Es tut mir leid«, sagte er im Stallgang und griff ihre Hand, »dass du das erfahren musstest. Aber Agnes ist nun mal meine Frau und Stefanie mein Kind. Stefanie musste getauft werden.«

»Ich weiß«, antwortete Rosa.

»Ich wollte dir nicht wehtun.«

»Hast du aber«, entgegnete sie. Wie lieb er ist, dachte sie.

»Ich weiß, Rosalein. Aber ich wollte es nicht.«

»Schon gut.«

»Ich liebe nur dich, das weißt du doch.«

»Ja.«

Rosa war einen Moment glücklich, doch es hielt nicht lange an. Denn Emil deutete auf ihren Bauch. »Was ist damit?«

»Immer noch da.«

»Du musst es besser verstecken«, erklärte Emil bestimmt. »Die Leute sehen dich und wundern sich, wie dick du geworden bist. Das darf nicht passieren.«

Rosa holte tief Luft, Tränen schossen ihr in die Augen. Es gelang ihr, sie zurückzudrängen.

»Dann darf ich den Hof nicht mehr verlassen«, stellte sie fest.

»Ja, vielleicht ist das besser«, meinte Emil mit Nachdruck. »Gott sei Dank sagt Agnes nichts. Ich glaube, sie ist so mit der Stefanie beschäftigt, sie sieht es gar nicht.«

»Doch«, widersprach Rosa. »Sie hat es gestern in der Küche gesehen.«

»Hm.« Emil dachte eine Weile nach. »Aber sie sagt nichts. Zumindest nicht zu mir.«

Er zog sie an sich, und Rosa wusste, was jetzt kam. Der Gang auf den Heuboden. Sie war bereit.

Doch heute entschied er sich überraschend anders. Er küsste sie zärtlich und ließ von ihr ab. »Komm«, sagte er, »wir fangen mit dem Melken an.«

Wie lieb er ist, dachte Rosa erneut. Es waren diese Momente, die ihr Kraft gaben und sie davon überzeugten, dass es einfach eine verworrene Situation war. Emil wollte wirklich nur sie und niemanden sonst. Er hatte es wieder gesagt. Aber er war nun mal verheiratet. Das Schicksal ließ sich nicht abwenden, befand Rosa. Ihre Liebe würde stark genug sein, dass die beiden auch das lästige Problem mit ihrer Schwangerschaft überstehen würden. An Tagen wie diesen war Rosa davon überzeugt. Dann erschien ihr die Welt auf einmal nicht mehr schwer, und wie selbstverständlich und ohne darüber nachzudenken – was ja eben nicht unbedingt Rosas Stärke war – fing sie wieder an, ein Lied zu summen. Dann gelang es ihr, das sich bewegende Wesen in ihr komplett zu ignorieren. Erst am nächsten Morgen wurde ihr klar, dass der ganze Ärger immer noch da war. Und mit jedem weiteren Tag wurde es beschwerlicher.

Rosa ließ die Fasnacht ausfallen, was sie schmerzte, denn sie liebte die fünfte Jahreszeit. Normalerweise würde sie freinehmen und mit ihrer Familie feiern. Jetzt wehrte sie ab, erklärte, dass sie durch den Säugling auf dem Lenzenhof unabkömmlich sei. Am Schmutzigen Dunschdig lag sie abends in ihrem Bett und weinte hemmungslos. Doch es ging nicht anders. Je weniger sie sich in der Öffentlichkeit bewegte, desto besser. Gerade die Fasnacht war eine gefährliche Zeit, in der man sich gerne mal vergaß, und Emil verbot ihr regelrecht das Feiern.

Sie sah es ja ein. Ihr Bauch wuchs und wuchs. Es wurde immer anstrengender, ihn zu verstecken. Das Schnüren war eine einzige Qual, und so bat Rosa Emil sogar selbst, es wieder mit dem Auskratzen zu versuchen. Er sollte so weit in ihr vordringen, dass die Geburt einsetzte und sie diesen sowieso schon idiotischen Bastard einfach tot zur Welt brachte. Emil versuchte es, es schmerzte ungeheuerlich, aber es nutzte nichts. Ihre Leibesfrucht ließ sich einfach nicht abschütteln.

Nachdem der Schnee geschmolzen war, gingen Emil und Rosa aufs Feld, um die Steine vom Acker aufzulesen. Agnes blieb mit Stefanie im Haus. Das ständige Bücken und das Tragen der schweren Eimer voller Steine waren für Rosa eine Qual, aber wie immer klagte sie nicht, und Emil schonte sie nicht. Je früher der Bastard auf die Welt kam, desto besser, dachte er, genau wie Rosa. Doch das Kind blieb in Rosas Leib. Nicht einmal schwere Arbeit konnte das ändern.

Zu den Osterfeiertagen ging Rosa zum ersten Mal seit Weihnachten wieder zu ihrer Familie. Nachdem sie nicht nur Fasnacht, sondern auch die Taufe ihres neugeborenen Neffen hatte ausfallen lassen, bestanden ihre Eltern auf ihren Besuch, und Rosa wollte sie nicht verärgern. Obwohl sie in der kleinen Stube in ihrem Elternhaus wie verrückt schwitzte, behielt sie die Strickjacke über ihrem Kleid an.

»Ist dir nicht gut?«, fragte ihre Mutter. »Dir läuft ja der Schweiß. Hast du Fieber?«

»Nein, nein, mir ist nur heiß«, wehrte Rosa ab.

»Und zugenommen hast du auch noch.«

Ihre Mutter wie ihre älteren Schwestern schauten unverhohlen fragend auf ihren Bauch, doch niemand äußerte Weiteres, so sehr Rosa es auch hoffte. Und auch wieder nicht.

»Was passiert mit dem Balg, wenn er da ist?«, fragte Emil, als sie wieder zurückgekehrt war.

»Ich kümmere mich drum«, antwortete Rosa und senkte wie so häufig den Blick.

»Es muss weg, das weißt du.«

»Ja, ich weiß.«

»Und was wirst du machen?«

»Ich ... weiß nicht. Ich muss es mir noch überlegen«, erwiderte Rosa.

»Niemand darf es sehen, hörst du?«

»Nein, nein.«

Schon seit Wochen machte sie sich darüber Gedanken, wohin mit dem Kind, wenn es erst einmal da wäre. Auf einem Bauernhof gab es viele Möglichkeiten. Doch sie konnte mit Emil nicht darüber sprechen. Es war schändlich. Sie schämte sich all dieser hässlichen Gedanken und konnte sich überhaupt nicht vorstellen, was genau sie tun würde, wenn es endlich so weit war. Aber eines war jetzt schon sicher: Ihrem Gott, dem himmlischen Gebieter, würde sie nie wieder unter die Augen treten können.

*

Ende April begann das Kartoffelsetzen. Wie jedes Jahr kam Maria Wöhrle als Helferin hinzu. Das Pferd zog den Pflug, von Emil geleitet. Dahinter folgten Rosa und Maria mit je einem Eimer voller Kartoffeln in der Hand, die sie in die Furche legten. Die drei waren aufeinander eingespielt und kamen gut voran.

Rosa spürte, dass das Setzen sie mehr Kraft kostete als sonst. Am dritten Tag, als absehbar war, dass sie die Arbeit beenden würden, durchfuhr sie ein Schmerz wie eine Welle. Sie richtete sich auf und hielt einen Moment inne. Der Schmerz ebbte ab, und Rosa machte mit ihrer Arbeit weiter. Doch schon bald folgte eine zweite Welle, Rosa musste sich aufrichten und verzog das Gesicht.

»Ist dir nicht gut?«, fragte Maria neben ihr.

Rosa schüttelte heftig den Kopf. »Nein, ich weiß nicht. Ich hatte plötzlich so einen Krampf. Vielleicht hab ich mir den Magen verdorben.«

»Den Magen?«

»Ja, vielleicht. Komm, wir machen weiter.«

Rosa legte die nächsten Kartoffeln in den Boden und ging voran. Die Zeichen ihres Körpers versuchte sie zu ignorieren. Maria folgte ihr kopfschüttelnd.

Nur wenige Minuten später wurde Rosa erneut von Schmerzen übermannt. Sie stellte den Kartoffeleimer auf den Boden und krümmte sich.

»Das müssen ja schlimme Magenschmerzen sein«, stellte Maria fest.

»Ja«, keuchte Rosa. »Aber es geht vorüber. Gleich ist es vorbei.«

Maria musterte Rosa aufmerksam, konnte aber nichts weiter erwidern, denn Emil war aufgefallen, dass die Frauen stehen geblieben waren. Er hielt das Pferd an, ließ den Pflug los und kam hinzu.

»Was ist? Warum macht ihr nicht weiter?«

»Die Rosa hat sich den Magen verdorben«, antwortete Maria.

Emil wandte sich der Magd zu. »Was ist?«, wiederholte er.

Rosa biss sich auf die Lippen, denn die Wehe war noch nicht ganz abgeebbt.

»Es geht los«, sagte sie leise.

»Dann geh heim und leg dich ins Bett«, erwiderte Emil so laut, dass Maria es problemlos hören konnte. »Immer diese Magenprobleme von dir.« Er wandte sich Richtung Pflug. »Auf, Maria, wir machen weiter, wir müssen heute schließlich fertig werden. Die Rosa soll sich auskurieren.«

Unter dem prüfenden Blick Marias machte sich Rosa vom Acker. Irgendwann drehte sie sich noch einmal um. Erleichtert stellte sie fest, dass sie Maria und Emil nicht mehr erkennen konnte, und hielt an, denn sie wurde von Schmerzen übermannt.

Als sie den Lenzenhof erreichte, stand Agnes vor der Tür, die brüllende Stefanie auf dem Arm. Sie war derart damit beschäftigt, ihr Kind zu beruhigen, dass sie Rosa kaum Beachtung schenkte.

»Was machst du denn schon hier?«, fragte sie zwar, wartete aber die Antwort nicht ab und drehte sich weg.

Rosa war froh und schlich in ihre Kammer. Sie konnte Stefanie immer noch schreien hören. Sie setzte sich auf ihr Bett und atmete heftig, als die nächste Wehe kam.

Nach einer Weile hatte sie sich an die wiederkehrenden Schmerzen gewöhnt. Sie wurde unruhig. Sicher war es besser, die Kammer wieder zu verlassen. Wer weiß, wie lang es noch ging. Außerdem konnte Rosa das Nichtstun nicht ertragen, und so hielt sie es für besser, sich zu bewegen und bei Agnes auch keinen Argwohn zu erzeugen. Sie verließ ihre Kammer, holte die Spitzhacke aus dem Schopf und ging in den Garten, wo sie anfing, die Erde umzugraben.

Jedes Mal, wenn eine Wehe durch sie glitt, hielt sie kurz inne und atmete durch. Dann machte sie weiter. Schließlich kehrten Emil und Maria vom Feld zurück.

Maria warf ihr einen erstaunten Blick zu. »Geht's dir besser?«

»Ja, ja, es geht schon«, erwiderte Rosa und hackte emsig weiter, während sie sich gleichzeitig auf die Zähne biss.

»Na, dann bis morgen.« Maria wirkte nicht so, als würde sie ihr glauben.

»Bis morgen.«

Rosa hackte weiter, bis Emil, ebenfalls mit einer Spitzhacke, vor ihr stand.

»Kommt es doch nicht?«, wollte er wissen.

»Doch, ich glaube schon.«

»Warum bist du dann hier im Garten?«

»Ich wollte nicht, dass Agnes …«

»Ich helf dir.«

Gemeinsam arbeiteten sie, bis es Zeit für den Stall war. Immer wieder hielt Rosa inne und wartete, bis die Wehe vorbei war, und machte danach genauso besessen weiter wie zuvor. Selbst in den Stall ging sie mit Emil und molk die Kühe, als wäre alles wie immer, wenn da nicht die Unterbrechungen wegen der Wehen gewesen wären.

Beim Abendessen in der Stube stellte Rosa schnell fest, dass das Sitzen am Tisch im Vergleich zum Arbeiten besonders herausfordernd war. Noch bevor sie einen Bissen zu sich nehmen konnte, kam eine Wehe, und sie krümmte sich vor Schmerz.

»Was ist los?«, fragte Agnes besorgt.

»Mir ist so schlecht«, antwortete Rosa und atmete heftig. »Darf ich aufstehen? Ich glaub, es ist besser, ich leg mich ins Bett.«

»Ist es schlimm? Soll Doktor Allmann kommen?«

Rosa schüttelte entschlossen den Kopf. »Nein, so arg ist es nicht. Ich glaub, ich hab's am Magen.«

»Aber du siehst wirklich nicht gut aus … Sag du doch auch mal was, Emil«, wandte sich Agnes an ihren Mann.

Dieser biss von seinem Brot ab und kaute, bevor er antwortete. »Geh ins Bett, Rosa, damit du morgen wieder gesund bist.«

»Mach ich.«

Rosa stand schnell auf, griff nach ihrem Teller und brachte ihn in die Küche, spülte ihn ab und ging schließlich in ihre Kammer. Dort setzte sie sich auf die Bettkante und harrte der Dinge.

Nachdem es dunkel geworden war und Rosa die kleine Lampe auf ihrem Nachttisch angeknipst hatte, hörte sie Schritte auf dem Außengang. Rasch legte sie sich ins Bett und zog die Bettdecke bis zum Kinn hoch.

Kurz darauf kam Emil herein. »Was ist jetzt?«, fragte er.

»Es kommt«, antwortete Rosa.

»Wann?«

»Ich weiß nicht, irgendwann … Ich glaub, es dauert noch.«

»Hm. Willst du essen?«

»Nein, ich hab keinen Hunger.«

»Ich sorg dafür, dass Agnes dich nicht stört. Aber du musst leise sein, damit sie dich nicht hört.«

»Ich versuch's.«

Ohne ein weiteres Wort verschwand Emil.

Nur kurz darauf kehrte er zurück und warf eine alte Pferdedecke auf den Kammerboden.

»Da, der Teppich, damit es keine Sauerei gibt.«

Die Tür fiel ins Schloss, und Rosa war allein. Sie setzte sich wieder auf. Ihr Wecker zeigte halb neun an. Als die nächste Wehe vorbei war, wollte sie am liebsten aufstehen und herumlaufen, so, wie Agnes es stundenlang getan hatte, aber sie traute sich nicht. Das Knarren der Dielen in dem alten Holzhaus wäre höchst verdächtig, und Emil hatte sie ja extra noch einmal ermahnt, so leise wie möglich zu sein.

Sie hörte, wie Agnes mit Stefanie in die Bauernschlafkammer ging. Stefanie war wieder unruhig und schrie. Seit ein paar Tagen weinte sie fast ohne Unterlass. Vielleicht zahnte sie schon. Was immer es war, es gab Emil heute den perfekten Vorwand, aus der gemeinsamen Schlafkammer zu verschwinden.

»Ich bleib in der Knechtkammer«, erklärte er, und Agnes nickte ihm erschöpft zu, erfreut über so viel Rücksicht, denn für sie war es anstrengend, das Kind ruhig zu bekommen, wenn neben ihr ihr Ehemann schlafen wollte.

»Und außerdem«, ergänzte Emil, »stimmt mit einer Kuh was nicht. Ich muss regelmäßig in der Nacht nach ihr schauen, und wenn es morgen nicht besser ist, muss ich den Tierarzt holen. So kommst du ja gar nicht zur Ruhe.«

»Ist gut«, erwiderte Agnes, »dann gut' Nacht. Ich leg mich hin. Hoffentlich ist die Rosa morgen wieder gesund.«

»Ja, hoffentlich, bleib du hier, ich schau noch mal nach ihr.«

Emil kam zu ihr, streichelte der weinenden Stefanie beruhigend den Rücken und drückte seiner Ehefrau einen Kuss auf die hagere Wange. Agnes lächelte ihn an.

»Schlaf gut, mein Mann«, sagte sie.

»Du auch, Agnes.«

Er schob sie mit leichtem Druck in die Bauernschlafkammer und zog persönlich die Tür hinter ihr zu. Dann ging er direkt zur Magdkammer.

Rosa erschrak, als die Tür plötzlich wieder aufging. Sie kauerte in ihrem Bett und war so in ihrem Schmerz versunken, dass sie die herannahenden Schritte nicht wahrgenommen hatte.

»Was ist jetzt?«, fragte Emil.

»Ich weiß nicht«, antwortete Rosa angestrengt. »Es dauert.«

Emil stand unschlüssig im Türrahmen. »Ich geh wieder«, sagte er, nachdem er Rosa eine Weile beobachtet hatte. Er wusste nicht, was er hier tun sollte.

»Ja«, ächzte Rosa.

Sie war froh, als er weg war, und gleichzeitig enttäuscht. Männer waren nie bei Geburten dabei, das war ihr klar. Aber sie hatte doch niemanden, keine Frau an ihrer Seite, wie es bei Agnes der Fall gewesen war. Die Tränen liefen ihr über das Gesicht, und es war unklar, ob aus Schmerzen von der erneuten Wehe oder aus Verzweiflung.

Rosa trocknete ihr Gesicht und entschied, es auf dem Abort zu versuchen. Es wäre das Einfachste: Sie könnte dort sitzen und warten, bis das Kind in die Abortgrube fiel. Als sie sicher war, dass Agnes die Schlafkammer nicht mehr verlassen würde, zog sie ihre Strickjacke über und machte sich auf den Weg. Im Hausflur zündete sie eine Laterne an und ging hinaus in das kleine Häuschen.

Dort hob sie den Rock, setzte sich über das Loch und wartete. Wieder kam eine Wehe und ließ Rosa zusammenfahren.

Die Zeit verging, Rosa saß wie angenagelt auf dem Abort, atmete die Wehen weg, und nichts passierte. Nur die Kälte der Aprilnacht kroch heran. Nach einer Stunde war Rosa so durchgefroren, dass sie es aufgab und zurück in ihre Kammer kehrte. Sie schlüpfte in ihr Bett, um sich aufzuwärmen. Irgendwann hielt sie es im Liegen nicht mehr aus und stand wieder auf.

Mühsam breitete Rosa die alte Pferdedecke, die Emil hineingeworfen hatte, auf dem Fußboden aus. Der Lumpen war so heruntergekommen, dass sie ihn auf gar keinen Fall auf ihr sauberes Bett legen wollte. Außerdem erinnerte sie sich an die blutigen Laken nach der Geburt von Stefanie. Das durfte ihr nicht passieren, denn ihr fiel keine Möglichkeit ein, wie sie das vor Agnes verbergen könnte.

Sie zog ihre Leibhose aus und blieb auf der Decke stehen, wartete, bis die nächste Wehe vorüber war. Die Abstände zwischen den Wehen hatten sich mittlerweile verkürzt, und Rosa bekam Angst, dass sie die Schmerzen nicht mehr lange würde aushalten können.

Rosa hockte auf den Knien und sah auf den Wecker. Es war nach Mitternacht. Seit dem Nachmittag ging es nun schon so. Sie nahm wahr, dass die Wehen in immer kürzeren Abständen kamen. Gleichzeitig stieg der Schmerz. Rosa wollte am liebsten laut schreien. Es kostete sie Kraft, den Mund zu halten. Als die Schmerzen noch heftiger wurden, rappelte sie sich von der Pferdedecke auf und zog den weißen feinen Ledergürtel aus ihrem schönsten Kleid, dem roten, das Emil so mochte. Sie faltete den Gürtel ein paar Mal und steckte ihn sich so zwischen die Zähne. Es half. Der Impuls zu schreien ließ sich leichter unterdrücken. Rosa hockte sich wieder auf der Decke und hielt sich am Bettkasten fest. Die Tränen schossen in ihre Augen. Mit aller Kraft presste sie die Zähne auf dem Gürtel zusammen, um keinen Laut von sich zu geben, während sie spürte, wie sich ihr Körper zwischen ihren Beinen weit öffnete.

Irgendwann schmatzte es laut, und das Kind fiel auf den Boden. Rosa taumelte mit gespreizten Beinen zur Seite. Der Gürtel fiel ihr aus dem Mund, und sie atmete heftig. Im fahlen Licht ihrer Nachttischlampe sah sie den kleinen Säugling auf der dreckigen Decke liegen. Käseschmiere und Blut bedeckten seinen Körper. Rosa streckte sich und schaffte es, mit ihrer Hand an ihre Kommode zu langen. In der mittleren Schublade lag neben ihren Stricksachen ihre Schere. Sie öffnete die Lade ein Stück und tastete mit ihrer Hand danach, bis sie sie zu fassen bekam. Gerade, als sie die Schere an die Nabelschnur setzte, fing das kleine Wesen auf dem Boden an, sich zu bewegen und Laute von sich zu geben.

Mit zittrigen Händen versuchte Rosa, die Nabelschnur durchzutrennen.

»Sei still«, flüsterte sie verzweifelt.

Es war schwerer, als sie dachte, doch irgendwann schnitt die Schere durch. Das Weinen des Kindes wurden lauter, seine Bewegungen heftiger.

»Sei still!«

Rosa legte ihre linke Hand auf den kleinen Mund und die Nase. »Sei doch still!«

Mit der rechten griff sie tastend hinter sich und bekam ihre Strickjacke zu fassen. Rasch zog sie sie zu sich und bedeckte das gesamte Gesichtchen damit. Dann drückte sie ihre Hände darauf. Es ging einfacher, wenn sie das Gesicht nicht sah.

Das Weinen verstummte, alle Körperspannung in dem kleinen Körper ließ nach. Rosa sackte zu Boden und lehnte sich gegen ihr Bett. Sie starrte auf die dreckige Pferdedecke vor sich. Darauf ein Hügel, bedeckt mit einer Strickjacke. Nichts bewegte sich mehr, kein Laut war zu hören, nur Rosas angestrengter Atem.

Es muss weg, dachte sie. Es muss weg, sofort. Mit aller Kraft erhob sich Rosa, indem sie sich am Bett festhielt und hochzog. Wieder griff sie in ihre Kommode und holte eine dicke Monatsbinde aus Stoff, den Bindengürtel und eine Leibhose hervor. Ihre Finger zitterten noch immer, als sie sich anzog. Sie taumelte, weil ihr schwindlig war, und hielt sich erneut am Bett fest. Sie brauchte einen Moment, bis sie sich stark genug fühlte, um zu laufen.

Dann bückte sie sich und hob das leblose Bündel mitsamt der Strickjacke hoch. Es wiegt fast nichts, dachte sie. Und noch einmal: Es muss weg.

Auf unsicheren Beinen verließ sie die Kammer.

Aus der Küche holte Rosa wenig später einen Putzlumpen, eine Bürste und einen Eimer, füllte Wasser ein und trug alles in ihre Kammer. Die alte verschmierte Pferdedecke legte sie mit nervösen Händen zusammen und schob sie neben die Tür. Der Kammerboden war voller Blutflecken, die Rosa jetzt mit Wasser, Bürste und Kernseife bearbeitete. Mit dem Lumpen wischte sie die Feuchtigkeit auf.

Als es geschafft war, setzte sie sich auf ihr Bett und atmete schwer. Sie starrte den Fußboden an. Immer noch waren die Flecken zu erkennen. Doch Rosa hatte keine Kraft mehr, weiterzuputzen, und vielleicht würden die Flecken verschwinden, sobald alles getrocknet war. Mit einem leisen Seufzer legte sich Rosa hin. Kurz darauf spürte sie, wie die wellenartigen Schmerzen in ihrem Leib wieder einsetzten. Erneut stand sie auf und holte den Nachttopf unter dem Bett hervor. Sie zog Leibhose und Binde herunter, die durch und durch mit Blut getränkt waren, und hockte sich auf den Topf. So wartete sie auf die Nachgeburt. Sie kam schnell und fiel direkt hinein. Rosa stöhnte auf, zum ersten Mal seit dem Nachmittag entfuhr ihr ein Laut. Es war endgültig geschafft. Erschöpft ließ sie sich zurück in ihr Bett fallen und zog die Decke bis über die Nasenspitze hoch. Sie brachte keine Kraft mehr auf, das Nachtlicht auszuknipsen.

Gegen vier Uhr in der Früh öffnete Emil die Tür. Rosa lag mit ihrem Gesicht zur Wand und machte sich nicht die Mühe, sich umzudrehen. Doch sie hörte ihn, sie hatte noch keine Minute geschlafen.

»Rosa?« Er schüttelte sie leicht an ihrer Schulter. »Rosa, was ist?«

Rosa antwortete nicht.

»Ist es gekommen?« Emil klang verunsichert.

»Ja.«

»Ist es weg?«

Rosa schwieg, die Tränen rannen ihr die Wangen hinab.

»Wo hast du es hin? Rosa, komm, sprich mit mir!« Emil rüttelte wieder an ihrer Schulter, doch Rosa reagierte nicht, ließ sich nicht umdrehen, stellte sich tot. In dem Zwielicht ihrer Kammer starrte sie nur die Wand an.

»Rosa, wo ist es?«

»Es ist weg.«

»Wo?«

Rosa hatte nicht die Absicht, es ihm zu sagen.

»Was war es? Ein Bub? Ein Maidle?«

Rosa schwieg eisern. Das würde sie ihm noch viel weniger verraten. Es war weg, niemand hatte es gesehen, das war doch jetzt das Einzige, was noch zählte.

Emil sah die Nachgeburt im Nachttopf, die rot besudelte Leibwäsche, neben der Tür entdeckte er die Pferdedecke. So viel Blut, dachte er.

»Rosa, geht es dir gut? Ist alles in Ordnung? Rosa, sag was.«

»Es ist alles in Ordnung«, presste sie hervor. »Du kannst gehen, ich möchte schlafen.«

Emil blieb hilflos vor ihrem Bett stehen. Als ihm klar wurde, dass er Rosa nicht zum Sprechen bringen würde, nahm er den Nachttopf und die alte Decke und schloss vorsichtig die Tür.

Gerede

»Also, wo waren wir?«

Erna Draxler kam mit der Kaffeekanne in der Hand zurück in den Raum hinter ihrem Verkaufsladen. An dem dortigen Tisch hatten sich bereits alle versammelt: Herta Spiegelhalter schaute wissbegierig auf Maria Wöhrle, Elfriede Katzuleit saß den beiden gegenüber und verhielt sich zurückhaltend.

»So.« Erna goss allen Damen und sich selbst ein und setzte sich. »Zucker?«

»Gerne.« Herta Spiegelhalter nahm gleich drei Teelöffel, Maria Wöhrle tat es ihr nach. Elfriede Katzuleit lehnte ab. Erna nahm nur einen Löffel voll.

»Ich mein'«, Maria Wöhrle beugte sich vor, »da stimmt doch was nicht. Ich mein', habt ihr sie gesehen? Sie war ja schon immer ein bissle dick, aber in den letzten Monaten hat sie doch ordentlich zugelegt.«

»Das haben wir alle gesehen«, bekräftigte Herta. »Und du meinst wirklich …?«

Maria lehnte sich zurück und nickte bedeutungsschwanger. »Also, zu Weihnachten, da hab ich ja zum ersten Mal gedacht, hoppla, was ist denn das? So ein Bäuchle! Das ist doch nicht normal. Aber wer weiß, sie war ja …«

»… schon immer etwas dick, ja, ja«, unterbrach Erna. »Aber warum glaubst du, dass sie schwanger ist?«

»War«, korrigierte Maria.

»War«, wiederholte Erna. Sie nahm einen Schluck Kaffee.

Maria beugte sich wieder vor, bis ihr Busen über den Tisch hing. »Weil sie jetzt wieder anderst aussieht. Hab ich gedacht letzten Sonntag in der Kirch'. Ich mein', sie war ja ewig gar nicht in der Kirch' gewesen! Dabei war sie doch früher dort die Fleißigste von uns allen gewesen, oder nicht?«

»Ja gut, sie muss halt viel arbeiten«, wandte Erna ein. »Auf dem Lenzenhof gibt es viel Arbeit, denn mit der Agnes ist ja nicht viel zu rechnen, gell. Weißt du ja selber. Die Rosa kann schaffen. Man kann über sie sagen, was man will, aber schaffen tut sie für zwei. Sie ist unentbehrlich, sagt mein Bruder.«

»Genau, unentbehrlich«, lachte Herta hinterlistig. »Unentbehrlich für wen, wo? Hihi.«

Erna schaute sie empört an. Sie wusste nicht, warum, aber aus irgendeinem Grund nahm sie in dieser Runde unbewusst eine Verteidigungshaltung ein. Vielleicht, weil es hier um die Magd ihres Bruders ging. Also eigentlich um ihren Bruder, der sich zwar manchmal unflätig und unmöglich selbst ihr gegenüber verhielt, aber Blut war nun mal dicker als Wasser. Erna war völlig klar, was Maria Wöhrle ihnen mitteilen wollte. Sie hatte es ja selbst gesehen.

»Also«, Maria nahm neuen Anlauf, »letztens, vor, hm, elf, zwölf Tagen, in der Woche nach dem Weißsonntag, da war ich doch auf dem Lenzenhof zum Kartoffelsetzen. Da war die Rosa ganz seltsam … Sie hat zwar geschafft wie immer, aber plötzlich ist sie hochgeschossen, hat ganz komisch geguckt. Sag ich: Was ist los, ist dir nicht gut? Der Magen, sagt sie. Schlecht sei ihr. Kommt dein Bruder – Emil – daher und schickt sie heim. Wegen Magenproblemen, immer wieder der Magen.« Maria schüttelte den Kopf. »Das war doch nicht der Magen.« Sie machte eine lange Pause, bevor sie weitersprach. »Später hat sie dann den Garten umgestochen, als wir vom Acker kamen … Aber Tatsache ist doch, dass sie eine Woche lang nach dem Kartoffelsetzen im Bett lag, weil sie krank war. Das hat mir die Agnes selbst verzählt.«

Vorne im Laden schellte die Türklingel. Elfriede Katzuleit stand auf und verschwand hinter dem Vorhang. Die drei verbleibenden Frauen schwiegen und hörten dem Verkaufsgespräch zu.

»Na, jedenfalls find' ich, dass die Rosa wieder dünner aussieht«, fuhr Maria nach einer Weile leise fort. »Gleichzeitig schaut sie so verdrießlich. Die war doch immer so fröhlich! Was haben wir beim Heuen miteinander gelacht. Und jetzt?« Sie sah Elfriede nach, wie sie aus dem Laden zurückkam und sich setzte.

»Also, dünn würde ich jetzt nicht sagen. Und wenn die ein Kind gekriegt hat – wo ist es dann? Nah«, Erna schüttelte heftig den Kopf, »das würde ja bedeuten … Naaah, das glaub ich nicht. Wer sollte denn überhaupt der Vater sein, hä?«

Herta Spiegelhalter grinste anzüglich, Elfriede Katzuleit studierte den Fußboden, und Maria Wöhrle lachte laut auf.

»Na, wer wohl?«

Maria Wöhrle und der Rest der Damenrunde waren nicht die Einzigen in der Gemeinde, die sich so ihre Gedanken machten. Nach dem Gottesdienst am Sonntag blieb Herta Spiegelhalter wie immer auf dem Kirchhof stehen, schwätzte mit der einen, grüßte die andere, und alle taten sie heute irgendwie geheimnisvoll. Denn war es nicht seltsam – wochenlang sah man Rosa, die sonst so fleißige Kirchgängerin, nicht im Gottesdienst. Und plötzlich war sie wieder da, und sie war viel schlanker als zuvor. Klar, es war jetzt, Mitte Mai, selbst hier oben auf dem Wald so schön warm, dass sie ihre schloddrige Strickjacke nicht mehr länger brauchte. Deswegen konnte man es vielleicht nicht so genau sagen. Aber sie sah verändert aus. Immer noch kräftig, aber weniger dick um den Bauch – und mürrischer. Und während Emil sich mit seiner Agnes und der kleinen Stefanie ganz normal verhielt, stand Rosa nur noch da und sagte nichts. Früher hätte sie doch gestrahlt und gelacht und mit jedem ein Schwätzle gehalten, vor allem mit ihrer eigenen Familie. Sie stand ja nicht mal mehr beim Emil – dabei gluckten die beiden doch immer zusammen, dass man sich schon hinter vorgehaltener Hand gefragt hatte, wie die Agnes das wohl fand.

Na, was ging es sie an. Herta Spiegelhalter rief sich innerlich zur Ordnung. Doch dann kam sie ins Gespräch mit Auguste Dreieich, der Frau des Postboten. Diese wusste zu berichten, dass sie Rosa beim Arzt gesehen hatte. Wann war das noch mal? Im Oktober. Und sie wirkte nicht so, als wär's ein Schnupfen gewesen. Eher verdruckst sei sie gewesen.

Interessant. Dazu ständig diese unerfindlichen Magen-Darm-Beschwerden, von denen Maria sprach. Herta schaffte es nicht mehr, den Mund zu halten.

»Das ist ja ein Ding«, sagte sie. »Weißt du, Auguste, in letzter Zeit hatte die Rosa ja immer irgendwelche Beschwerden. Beim Kartoffelsetzen letztens, hat die Maria verzählt, hat sie sogar mal alles stehen und liegen lassen und sich vom Acker gemacht. Seltsam, gell?«

»Ja, seltsam«, nickte Auguste Dreieich. »Na, wir werden ja sehen, wie sie sich beim Pfingstfest verhält. Ich weiß noch, vor zwei Jahren, da hatten die Rosa und der Emil doch so lang miteinander getanzt.«

»Und wie sie sich angeguckt hatten«, pflichtete Herta bei. »Da wurd' man fast neidisch. Das machen sie jetzt natürlich nicht mehr, wo die Agnes dabei ist.«

»Na, wir werden ja sehen«, meinte Auguste genüsslich.

»Ja, werden wir.«

Eine Woche später fühlten die Frauen sich bestätigt. Denn Rosa erschien gar nicht erst zum Pfingstfest.

Im Gegensatz zu Rosa ließ sich Emil auf dem Fest gemeinsam mit Agnes blicken. Und als Erna, die selbst immer noch auf Kinder wartete, ihnen Stefanie abnahm, tanzte er sogar mit ihr. Sie strahlte ihn an, während er sie über die Tanzfläche führte. Agnes war wieder so dünn wie vor ihrer Schwangerschaft, was Emil nicht gerade ansprach. Er spürte auch nicht den Zauber, den er mit Rosa auf der Tanzfläche empfunden hatte. Doch wie schon vor zwei Jahren, als er noch glaubte, davonzuschweben vor Glück, hatte er heute wieder das Gefühl, dass er von allen Seiten beobachtet wurde. Und wenn er auffordernd zurückschaute, drehten auf einmal alle den Kopf weg. Diese Tratschtanten. Er konnte es sich natürlich nur einbilden. Aber seit dieser Sache mit Rosa Ende April war er wachsam.

So dauerte es nicht lange, bis die Gerüchte über Rosas Schwangerschaft auch Emil erreichten.

»Sie reden über dich«, sagte er zu Rosa, als sie später nebeneinander im Heu lagen. »Dass du schwanger warst und das Kind jetzt verschwunden ist.«

Es hatte tatsächlich nur zwei Wochen gedauert, bis Emil es nicht mehr ohne die Stelldicheins mit seiner Magd aushielt und er sie wider alle Vernunft zurück auf den Heuboden führte. Rosa fühlte sich weich und wohlig wie immer an; er wollte in ihr versinken, doch er merkte ihre Zurückhaltung, ja, ihre Traurigkeit. Sie ließ es geschehen, wenn er sich auf sie legte, und drehte den Kopf weg, wenn er sie küssen wollte.

»Über uns«, korrigierte Rosa ihn leise. »Sie reden über uns.«

»Wie auch immer, sie müssen das Maul halten.«

»Lass sie schwätzen. Die kann man nicht aufhalten. Am besten machen wir gar nichts.«

»Die ziehen mich und meine ganze Familie in den Dreck«, regte sich Emil auf.

Und mich, dachte Rosa. Was ist mit mir? Sie schaffte es nicht, es laut auszusprechen. Sie war so erschöpft. Nach all dem, was sie erlebt hatte, wollte sie am liebsten nur noch schlafen. Ihre Ruhe haben. Gleichzeitig war sie dankbar, dass Emil sie nach wie vor begehrte. Denn sie liebte ihn, egal, was passiert war. Er war auch wieder zärtlicher und liebevoller als vor dem unseligen Kindesabgang. Und er hielt zu ihr, davon war sie überzeugt. Es würde wieder schön werden zwischen ihnen.

»Die Maria ist die Schlimmste«, grollte Emil. »Kommt hierher, glotzt und trägt alles nach draußen. Unmöglich ist das. Die hat das letzte Mal bei uns Kartoffeln gesetzt, das ist ja wohl klar. Für die Heuernte such' ich mir jemand anderen.«

»Ich weiß nicht, ob sie auf dem Kartoffelacker was mitbekommen hat«, wandte Rosa ein.

»Aber sie ist eine elende Tratschtante vor dem Herrn. Noch schlimmer als meine Schwester, die alte Krämerin. Nein«, Emil setzte sich entschlossen auf, »der gehört das Maul gestopft.«

»Was willst du denn machen?«, wollte Rosa wissen. »Da kann man nichts machen.«

»Oh doch.« Emil machte ein grimmiges Gesicht. »Du wirst schon sehen.« Er ballte die Faust. »Die wird's Maul halten, aber für immer.«

Er sagte es so überzeugend, dass Rosa Angst bekam.

Emil machte Ernst. Nicht mit der Faust, nein, er hatte sich etwas Wirkungsvolleres ausgedacht. Zumindest glaubte er das. Ihm reichte es mit dem Weibergeschwätz. Mit dem Geschwätz insgesamt, denn die Männer waren ja auch schon dabei, über ihn herzuziehen. Hatte ihm zumindest beim Pfingstfest sein Freund Ludwig gesteckt. Wie stand er denn vor Agnes dar? Die sagte zwar nichts, aber Emil ging davon aus, dass die Gerüchte ihre Ohren längst erreicht hatten.

All das musste aufhören. Für Emil war klar, dass nur Maria Wöhrle die Urheberin der Gerüchte rund um Rosa sein konnte. Er lief ins Dorf, wo sie in einem kleinen Haus in unmittelbarer Nähe des Lebensmittelladens seiner Schwester Erna lebte, und hämmerte gegen die Tür.

»Was ist los?«, rief Maria von innen. Sie öffnete und war überrascht. »Salli, Emil, was machst du hier?«

»Mit dem Geschwätz ist jetzt mal Schluss«, herrschte Emil sie ohne Begrüßung an. »Du kommst mit.«

»Mit? Wohin?«

»Zum Bürgermeister. Komm.«

Verdutzt zog Maria die Tür hinter sich zu und folgte Emil. Sie hatte ihn noch nie so wütend gesehen, obgleich sie wusste, dass er manchmal sehr barsch werden konnte. Seit Jahren arbeitete sie auf dem Lenzenhof mit, wenn Bedarf bestand, und dieses Einkommen wollte sie nicht verlieren. Daher war es in diesem Augenblick sicher besser, Emil eher zu besänftigen als zu reizen, also ging sie mit. Vorbei am Laden des Ehepaars Draxler, aus dessen Schaufenster Erna und Elfriede interessiert herausschauten.

Vor dem Rathaus hielt Emil an.

»Was willst du?«, fragte Maria.

»Überall tratschst du herum, ich hätt' was mit der Rosa. Und dass die Rosa schwanger sei. Du bist eine Lügnerin. Du hörst auf, solch üble Gerüchte in die Welt zu setzen. Hörst du mich? Dein dummes Geschwätz, das ist ja unerträglich. Jetzt komm rein.«

Emil öffnete die schwere Tür und trat vor ihr ein. Fast schlug die Tür Maria auf die Nase. Sie folgte ihm in die Amtsstube von Bürgermeister Franz Obert, der die beiden mit Erstaunen hereinmarschieren sah.

»Was kann ich für euch tun?«, fragte er mit hochgezogenen Augenbrauen.

Franz Obert war von hier, kannte alle, und das Gerücht – er ließ es sich nicht anmerken – kannte er auch schon längst.

»Das Geschwätz von der Wöhrle zieht mich in den Dreck, meine ganze Familie – und meine Magd«, erklärte Emil wütend. »Damit ist Schluss. Ich will, dass die Maria hier, an Ort und Stelle, erklärt, dass sie lügt. Und dass sie ihre miesen Behauptungen zurücknimmt.«

»Ich lüg' nicht«, ging Maria dazwischen.

»Du lügst«, herrschte Emil sie an und wandte sich wieder an den Bürgermeister. »Schreib auf.«

»Du bist ja verrückt. Ich mein', wenn die Leute so über dich reden, da kann ich doch nichts dafür«, verteidigte sich Maria.

»Gerade gibst du zu, dass du es getan hast.«

»Moment mal.« Franz Obert versuchte mit der entsprechenden Handbewegung, die erhitzten Gemüter der beiden zu beruhigen. »Also, wenn ich es richtig verstehe, will Emil, dass du, Maria, erklärst, dass du die Unwahrheit über ihn verbreitet hast. Richtig?«

»Die Maria erzählt so einen Unsinn über mich und meine Magd, und das eine sag ich dir«, Emil wandte sich mit erhobenem Zeigefinger direkt an sie, »wenn du hier nicht diese ganzen unwahren Sachen zurücknimmst und das nicht öffentlich ausgehängt wird, damit es jeder sieht, was für eine dreckige Lügnerin bist, dann zeig ich dich bei der Gendarmerie an.«

»Bist du endgültig irre?«, wütete Maria zurück. »Wie steh' ich denn da? Jeder hier erzählt sich das. Das bin doch nicht nur ich.«

»Du erzählst so einen Seich, und wer, wenn nicht du, hat damit angefangen? Wer war denn bei uns auf dem Hof, hä? Es ist grad recht, wenn man dir das Maul stopft.« Emil war nun richtig in Fahrt. »Also, du gibst hier und jetzt eine Erklärung ab, und der Franz hängt sie aus auf der Gemeindetafel, und wenn nicht, dann zeig ich dich an. Wegen Verleumdung, übler Nachrede.«

Franz Obert ging dazwischen. »Jetzt beruhigen wir uns erst mal.«

»Schreib auf«, herrschte Emil den Bürgermeister an. »Danach beruhig' ich mich.«

»Nun«, Franz Obert räusperte sich, »in diesem Fall denke ich, Maria, dass du so eine Erklärung unterzeichnen solltest. Denn du hast ja gehört – wenn du es nicht tust, dann zeigt Emil dich an, und das willst du ganz bestimmt nicht. Dann wird erst recht geschwätzt. Davon abgesehen hast du ja nichts zu befürchten, wenn es der Wahrheit entspricht.«

»Dann hängst du es aus, das ganze Dorf sieht es und hält mich für was? Eine Lügnerin?« Maria war noch nicht überzeugt, so am besten aus der Situation zu kommen.

»Ein Klatschweib«, brummte Emil grimmig, aber zufrieden. Der Bürgermeister ging auf sein Begehren ein. »Ich geh hier erst weg, wenn die Richtigstellung draußen an der Gemeindetafel hängt. Und dann sieht jeder«, jetzt drehte Emil sich zu Maria um und fixierte sie mit bösem Blick, »was du für eine verlogene, dumme Schwätzerin bist.«

»Rutsch mir den Buckel runter«, entgegnete sie beleidigt. »Jetzt machen wir es eben so, Franz, und hängen diesen Wisch aus. Aber nur, weil ich ein reines Gewissen hab! Und glaub nicht, Emil, dass ich dir noch einmal beim Heuen helf. Oder beim Kartoffelsetzen. Oder beim Auflesen der Frucht.«

Emil lachte auf. »Du glaubst doch nicht etwa, dass ich dich je noch mal gefragt hätte. Auf deine Hilfe kann ich verzichten.«

»Jetzt ist gut!« Der Bürgermeister bedeutete ihm, zu schweigen. »Ich setze die Erklärung mit Maria auf, und du gehst, Emil. Du kannst ja später an der Tafel sehen, dass alles seine Richtigkeit hat.«

Und so geschah es. Keine zwei Stunden später hatte die Sekretärin des Bürgermeisters das Dokument nach Diktat getippt, Maria Wöhrle es unterschrieben und Franz Obert sein amtliches Siegel dazugegeben. Eigenhändig öffnete der Amtsmann den kleinen Glaskasten neben dem Eingang zum Rathaus und heftete die Erklärung mit vier Reißzwecken an die Tafel:

Ich, Maria Wöhrle, geb. 3. August 1908, wohnhaft in der Gemeinde Engenbach, erkläre hiermit Folgendes: Ich nehme reuevoll jede gemachte Behauptung bzgl. des Emil Dold vom Lenzenhof zurück. Ich nehme reuevoll jede gemachte Behauptung bzgl. des Zustands der Rosa Löffler, Magd auf dem Lenzenhof, zurück. Ich werde mich bzgl. dieser zwei Personen in Zukunft nicht ehrabschneidend oder beleidigend äußern, weder vor ihnen noch vor anderen. Gez. Maria Wöhrle, Engenbach, 18. Mai 1951.

Maria schämte sich. Sie ahnte, dass sie zum Gespött der Gemeinde werden würde. Und das, obwohl sie beileibe nicht die Einzige war, die sich so ihre Gedanken über Emil und Rosa gemacht hatte. In Zukunft würde sie den Mund halten. Ihr reichte es.

*

»Also, ich hätt' das nicht gemacht.« Erna Draxler nahm einen Schluck Kaffee und setzte die Tasse vorsichtig zurück auf die Untertasse. »Der Emil stellt dich ja unmöglich dar.«

»Was du nicht sagst.« Maria Wöhrle war wütend und zerknirscht zugleich. »Kannst mir glauben, dein Bruder hat mir keine Wahl gelassen.«

Die beiden Frauen saßen wieder einmal zusammen mit Herta Spiegelhalter und Elfriede Katzuleit am Tisch hinter dem Verkaufsraum. Eine Woche war seit der Aushängung von Marias Erklärung vergangen. Und es war passiert, was passieren musste. Das ganze Dorf redete jetzt nicht mehr nur über Rosa, sondern vor allem über sie, Maria. Was heißt reden, sie zerrissen sich das Maul – so sehr, dass Maria sich am Sonntag nicht in den Gottesdienst getraut hatte. Denn am Rathaus gegenüber prangte ihre Erklärung so offensichtlich, dass keiner daran vorbeikam.

Besonders ärgerte sich Maria darüber, dass sie als Einzige am Pranger stand. Weder Herta noch Erna noch Elfriede noch sonst jemand, der über Rosa und Emil getratscht hatte, musste ertragen, was sie gerade durchmachte. Sie war das einzige Opfer. Es war schrecklich.

»Wenn ich ehrlich bin, Maria«, brachte sich Herta ein, »bist du eine dumme Gans. Ich hätte das nie unterzeichnet. Jetzt stehst du als Lügnerin da, obwohl es doch stimmt.«

»Was stimmt?«

»Na, dass die Rosa schwanger gewesen ist. Was soll es denn sonst gewesen sein, hä? Erst wird sie dicker, dann wieder dünner. Denk mal, der Zeitraum. Das passt doch alles. Eine ganze Woche lag sie nach dem Kartoffelsetzen krank im Bett. Und es ist ja gar nicht gesagt«, fuhr

Herta mit Blick auf Erna fort, »dass der Emil derjenige welche ist. Kann ja jeder dahergelaufene Kerl gewesen sein. Aber schwanger war sie. Da leg ich mich fest.«

»Dann kannst du das jetzt ja herumposaunen«, meinte Erna spitz.

»Genau. Dann lässt der Emil mich wenigstens in Ruhe.« Maria stutzte. »Ich mein', woher willst du das überhaupt so genau wissen?«

Herta beugte sich vor. »Weil ich mit der Auguste von der Post gesprochen hab. Die sagt, dass sie die Rosa bei Doktor Allmann gesehen hat. Im Oktober. Ganz verdruckst sei sie gewesen.« Sie lehnte sich triumphierend zurück. »Das passt doch.«

»Also, wenn sie jetzt ein Kind bekommen hat, dann wurde sie wann schwanger?« Erna rechnete. »So Juli, August?«

»Die Roggenernte!« Maria schlug sich mit der flachen Hand auf die Stirn. »Bin ich doof. Jetzt fällt's mir wieder ein. Da war es das erste Mal. Da hockt die Rosa sich auf die Decke – natürlich neben Emil – und ist ganz bleich. Und essen kann sie auch nix. Frag ich: Was ist? Sagt sie: Der Magen. Der Magen! Da hab ich schon gedacht, na … Das sagen sie alle, hab ich sogar noch gesagt. Danach steht sie auf und schafft, als wär nix gewesen. Und später dann immer wieder der Magen.«

»Siehst du, also stimmt es, was alle so schwätzen.« Herta fühlte sich bestätigt.

»Gut«, sagte Erna, »angenommen, die Rosa ist … war schwanger. Was hat sie dann mit dem Kind gemacht?«

»Der Sau zum Fressen vorgeworfen«, meinte Herta. Fast gruselte es sie bei dem Gedanken.

»In den Abort damit«, mutmaßte Maria.

»Vielleicht war's ja eh schon tot.«

»Und du?« Erna wandte sich an Elfriede. »Was glaubst du? Du sagst ja gar nichts.«

»Nein.« Elfriede schüttelte den Kopf. »Ich will auch nichts sagen. Wir wissen doch gar nichts. Nachher stimmt das alles nicht. Und außerdem …« Elfriede dachte daran, wie sie selbst auf der Flucht ihre dreijährige tote Tochter im Nirgendwo zurücklassen musste. Der Schmerz darüber ließ einfach nicht nach. »Wenn sie das Kind wirklich … entsorgen musste – das ist doch schrecklich.«

»Furchtbar«, bestätigte Maria.

»Entsetzlich«, ergänzte Herta. »Und niemand, der hilft.«

Sie schauten Erna an. Diese rutschte unsicher auf ihrem Stuhl hin und her.

»Also, der Emil war früher nicht so«, verteidigte sie ihren Bruder. »Das ist eigentlich ein ganz Lieber gewesen. Aber seit dem Krieg und seiner Verletzung ist er nicht mehr derselbe. So … herrisch.«

»Und rechthaberisch«, warf Maria ein.

»Wir wissen nichts«, wiederholte Elfriede. »Wir sollten vorsichtig sein mit dem, was wir denken und sagen, gell.«

»Wie auch immer.« Maria stand auf. »Ich werd' mir jedenfalls nicht länger vorhalten lassen, ich sei eine Lügnerin oder eine dumme Gans. Ich geh jetzt zum Bürgermeister.«

Franz Obert ließ Maria warten, obwohl sie niemanden sonst in dem kleinen Rathaus entdecken konnte. Nervös saß sie im Flur auf einem harten Stuhl und tippte mit ihren Fingern gegen die Handtasche auf ihrem Schoß, bis er sie endlich hineinrief.

»Was gibt's?«, fragte er, während er hinter seinem Schreibtisch Platz nahm und ihr den ebenso harten Stuhl davor zuwies.

»Du, Franz, das mit der Erklärung – ich widerrufe sie hiermit.«

»Warum? Jetzt war doch gerade endlich wieder Ruhe in der Gemeinde eingekehrt.«

»Ja, schon, aber ich lass mich doch nicht als dumme Lügnerin darstellen. Ich mein', das geht zu weit. Mein Ruf ist ruiniert, oder etwa nicht?«

»Du kannst doch nicht einfach die Erklärung widerrufen, Maria.« Der Bürgermeister sah sie mitleidig an. »Ich versteh ja, dass dich das fuchst, aber wenn du widerrufen willst, dann musst du Beweise vorlegen.«

»Eben. Genau das. Ich fordere die Rosa auf, dass sie ein ärztliches Zeugnis vorlegt, dass sie nicht schwanger ist … war. Das wird ja wohl machbar sein, oder?«

»Hm«, antwortete Franz Obert, der neuen Ärger roch. »Das ist schon alles recht kompliziert.«

»Ich hab gehört, dass die Rosa bei Doktor Allmann war. Ich finde, ich hab ein Recht darauf, dass sie ein ärztliches Zeugnis vorlegt«, beharrte Maria. »Dann hören alle auch auf zu reden, und mein Ruf ist wiederhergestellt. Dann herrscht Ruhe in deiner Gemeinde.«

»Vielleicht hast du recht«, überlegte Franz Obert. »Aber wie setzen wir das durch? So ein ärztliches Zeugnis muss ja amtlich angeordnet werden, das kann man nicht einfach so einfordern.«

Er grübelte ein paar Sekunden und hob dann den Zeigefinger, als sei ihm ein Licht aufgegangen. »Weißt du was? Wir klären das mit der Gendarmerie. Bestimmt kann sie die richtigen Schritte einleiten, um so ein Zeugnis einzuholen. Dann hat das auch rechtlich alles seine Ordnung.«

»Genau!« Maria sprang begeistert von ihrem harten Stuhl auf. »Polizeiliche Anordnung. Das ist überhaupt das Beste.«

Sie verließ das Rathaus und lief direkt zur Gendarmerie nach Dreisach, dem größeren Nachbarort.

*

Oberwachtmeister Bruno Strecker schaute nachdenklich auf die Tür, durch die Maria Wöhrle gerade seine Amtsstube verlassen hatte. Der Gendarm vom Posten Dreisach teilte sich die anfallende Arbeit im Bezirk mit seinem jüngeren Kollegen, Wachtmeister Karl Wunderle, der im Zimmer nebenan seinen Schreibtisch hatte. Seit drei Jahren saß Strecker in diesem Kaff schon fest, mit seinem Antrag auf Versetzung ging es einfach nicht voran. Doch er wollte nicht klagen. Nachdem er in seiner alten Heimat Schlesien diese ganzen, nun ja, unseligen Jahre im Reichspolizeidienst verbracht hatte, konnte er froh sein, mit einem blauen Auge davongekommen zu sein und überhaupt wieder als Polizist arbeiten zu dürfen. Nach der Flucht aus den besetzten Gebieten und einer Karenzzeit von zwei Jahren war er nun im Gendarmerieposten Dreisach untergekommen.

Hier oben auf dem Wald war gemeinhin nicht viel los. Der enttarnte Viehdieb letzte Woche war schon ein echter kriminalistischer Höhepunkt gewesen. Diese Woche war noch gar nichts passiert, bis Maria Wöhrle atemlos hereingestürmt kam.

Rechtswidrige Kindsabtreibung oder sogar -tötung, unentdeckte Schwangerschaft, Magd hat was mit dem Bauern, Ehebruch. Der Oberwachtmeister glaubte noch nicht so recht an ein Kapitalverbrechen. Vielleicht war das alles nur heiße Luft, und die Frau übertrieb maßlos. Klar war, man würde dem nachgehen müssen. Da Bruno Strecker selbst nicht hier, sondern im weiter entfernten Neustadt wohnte und sowieso ein Zugezogener war, war er immun gegen die Gerüchte, die regelmäßig durch seinen Zuständigkeitsbezirk waberten. In der Regel war das ein großer Vorteil. Sein Kollege, der seit jeher direkt in Engenbach mit seiner Familie lebte, wusste da sicher besser Bescheid, aber der hatte seinen Arbeitsplatz für heute schon verlassen, und in der Regel gingen sich die beiden eher aus dem Weg. Nicht, weil sie sich nicht mochten – das vielleicht auch nicht besonders –, sondern weil es auf ihrem Gendarmerieposten einfach nichts gab, was sie gemeinsam hätten tun können.

Oberwachtmeister Streckers Blick glitt zur Uhr direkt über der Tür. Sie zeigte halb fünf. Es war Zeit für den Feierabend. Die Sache mit der Magd konnte auch noch bis morgen warten.

Rosa jätete am nächsten Morgen Unkraut im Garten. Wie immer war sie tüchtig dabei. Es war eine Arbeit, die ihr gefiel und die sie ablenkte von der dumpfen Leere in ihrem Inneren. Als sie nach einer Weile aufsah, stand ihre Schwester Irma vor ihr, die Hände in die Hüften gestemmt. Rosa erschrak.

»Was machst du hier? Ist was mit den Eltern?«

»Ich muss mit dir reden«, erwiderte Irma knapp. »Sofort und allein.«

Rosa spürte, wie es heiß durch ihren Körper fuhr, und folgte ihrer Schwester, die schon voranstapfte. Sie gingen ein Stück die Straße vor dem Hof entlang und bogen in einen Waldweg ein. Erst jetzt hielt Irma an.

»Was ist los mit dir?«, wollte sie wissen.

»Was soll los sein?«, fragte Rosa nervös zurück.

»Du kennst doch die Gerüchte, die hier über dich im Umlauf sind. Über dich und den Lenzenbauern.«

Rosa zögerte. »Nein«, sagte sie schließlich unsicher.

»Sei nicht dumm.« Irma wurde ungehalten. »Du sollst was mit dem Lenzenbauern haben. Und schwanger sollst du auch sein. Oder gewesen sein. Das hast du doch längst alles gehört.«

»Nein.«

»Hast du was mit dem Bauern?«

»Nein.«

»Bist du oder warst du schwanger?«

»Nein!«

Irma schaute ihre Schwester so prüfend an, dass Rosa innerlich schrumpfte. Sie durfte sich nichts anmerken lassen. Trotzig hielt sie dem Blick stand.

»Ganz ehrlich, Rosa. Ich hab mich gewundert, warum du so dick geworden bist. Und die Mutter auch.« Irma zeigte auf Rosas Bauch. »Und jetzt wirst du wieder dünner. Nee, nee, du kannst mir nichts vormachen.«

»Es stimmt aber nicht.«

»Was hast du gemacht?«

»Nichts«, wehrte Rosa heftig ab.

»Wie auch immer.« Irma spürte, dass hier nichts zu holen war. »Ich sag dir nur eins: Die Maria Wöhrle war gestern bei der Gendarmerie. Woher ich das weiß? Mein Mann arbeitet dort als Hausmeister, wenn es etwas zu reparieren gibt, und hat sie gesehen. Und es ging um dich, das war nicht zu überhören. So, sag später nicht, du wärst nicht gewarnt worden.«

Sie ließ Rosa einfach stehen und drehte sich kein einziges Mal nach ihr um. Rosa blieb zurück wie ein begossener Pudel und bekam es mit der Angst zu tun. Sie musste sofort mit Emil sprechen.

»Die Maria war bei der Gendarmerie.«

So schnell wie möglich war Rosa zum Lenzenhof zurückgekehrt und hatte Emil auf der Tenne gefunden, wo er die Dreschmaschine reparierte.

»Die Maria hat uns bestimmt angezeigt.«

Emil hielt in der Bewegung inne. »Das glaubst du doch selbst nicht. Wegen was denn?«

»Wegen was auch immer. Was ist, wenn die kommen und nach dem Kind suchen?«

»Es gibt kein Kind.«

Rosa spürte einen Stich.

»Beruhig dich.« Emil drehte eine Schraube fest. »Wo nichts ist, kann auch nichts gefunden werden. Du hast doch dafür gesorgt, dass es weg ist.«

»Aber …«

»Lass gut sein. Der Maria hab ich das Maul gestopft, die kann nichts mehr ausrichten.«

»Nein.« Rosa schüttelte entschieden den Kopf. »Ich glaub, wir müssen was tun.«

*

Oberwachtmeister Strecker begann am nächsten Tag mit seinen Ermittlungen in dem Moment, in dem der Postbote seinen Kopf durch die Tür steckte.

»Ach, kommen Sie doch mal rein.«

Werner Dreieich trat mit fragendem Blick ein und überreichte dem Gendarmen einen für diesen kleinen, unbedeutenden Gendarmerieposten beachtlichen Stapel an Briefen, den es später abzuarbeiten galt.

»Herr Dreieich, Sie als Postbote kennen ja Gott und die Welt auf dem Wald, oder?«

»Ja sicher.« Der Angesprochene glühte sofort vor Stolz. »Ich kenn hier eigentlich jeden. Ist ja klar, wenn man allen die Post bringt, gell.«

»Und da hören Sie sicher das eine oder andere?«

»Natürlich.«

»Dann kennen Sie bereits die Gerüchte rund um den Lenzenhof?«

Werner Dreieich stockte. »Ja«, antwortete er vorsichtig.

»Erzählen Sie mir doch mal, was Sie so gehört haben.«

»Hm, also ...« Der Postbote zierte sich, er wollte nicht missverstanden werden. »Man sagt, die Magd und der Bauer hätten ein Liebesverhältnis.«

»Aus dem mehr geworden ist?«

»Ja«, Werner Dreieich nickte, »das sagen die Leute so.«

»Und wer sind diese Leute?«, wollte der Gendarm wissen.

»Alle.«

»Alle«, wiederholte Strecker. »Können Sie das genauer sagen?«

Der Postbote schüttelte entschieden den Kopf.

»Sie wollen nicht?«

»Hören Sie, Herr Wachtmeister«, erwiderte Dreieich unangenehm berührt, »ich hab mitbekommen, dass viele Leute hier denken, dass die beiden was miteinander haben. Und dass viele glauben, dass die Rosa schwanger ist – oder war. Sie war halt ein bissle dicker geworden, gell. Kann ja dann nur vom Dold sein, oder?« Dreieich hob die Schultern hoch. »Man sieht schon, dass die beiden sich mögen. Aber ob's stimmt? Naah, das weiß ich nicht.«

»Danke, Herr Dreieich.«

Der Postbote zeigte zaghaft mit dem Daumen zur Tür hinter sich. »Kann ich gehen?«

»Selbstverständlich. Einen schönen Tag noch.«

Kaum hatte Werner Dreieich den Raum verlassen, erhob sich Bruno Strecker und setzte seine Mütze auf seinen kahlen Kopf. Er musste sich in Engenbach selbst ein Bild von der Lage machen. Er verabschiedete sich kurz von seinem Kollegen, der am Schreibtisch saß und Zeitung las, und erklärte, dass er bald wieder da sei. Er hätte ihn mitnehmen können, dann hätten sie beide einen halbwegs ausgefüllten Tag gehabt. Aber Strecker dachte, dass es günstig wäre, wenn Karl Wunderle noch nicht informiert wurde. Wer wusste, wozu man ihn als Einheimischen noch gebrauchen konnte.

Nach dem Postboten waren es die Inhaber von den ansässigen Geschäften, die Bruno Strecker als erfolgsversprechend einstufte. Neben der kleinen Poststelle, in der die Frau von Werner Dreieich die Briefmarken zählte, war das in Engenbach der Lebensmittelladen von Erna Draxler und ihrem Mann. Mehr gab es nicht, höchstens noch das Gasthaus zum Kreuz, aber dort nachzufragen erschien Strecker frühstens am Sonntag nach der Kirche sinnvoll. Das sollte dann gerne Karl Wunderle übernehmen, sonst müsste Strecker an seinem freien Tag extra aus Neustadt hergefahren kommen, während der Kollege wahrscheinlich so oder so dort hingehen würde. Abgesehen davon sprach Wunderle die Sprache der Leute hier; und wenn man etwas herausfinden wollte, konnte dieser Umstand manchmal von Vorteil sein.

Sein erster Gang führte den Oberwachtmeister zum Rathaus. Schließlich hatte Franz Obert Maria Wöhrle ja zu ihm geschickt. Außerdem war da noch die Sache mit dem Aushang. Das Dokument befand sich nach wie vor in dem Glaskasten.

»Das stimmt«, nickte kurz darauf der Bürgermeister. »Möchten Sie eine Tasse Kaffee?«

»Warum nicht?«, stimmte Strecker zu.

Franz Obert ging zur Tür, um seiner Sekretärin Bescheid zu geben.

»Also«, er nahm wieder auf seinem Amtsstuhl hinter dem mächtigen Schreibtisch Platz, »es stimmt, dass der Emil Dold diese Widerrufserklärung von der Maria Wöhrle erbeten, na, ich würde eher sagen, erzwungen hat. Es haben hier alle darüber geredet, dass die Magd

Rosa Löffler schwanger sei, und das von ihm, und die Gerüchte sollten halt aufhören.«

»Und hat es gefruchtet?«

Der Bürgermeister verzog den Mund. »Nein. Sonst wären Sie jetzt ja nicht hier.«

»Kennen Sie Emil Dold und seine Magd?«

»Ja, ja, natürlich! Die Rosa, das ist eine ganz Fröhliche, Tüchtige. Die kann schaffen für zwei. Ich kann eigentlich nicht glauben, dass sie sich zu so einem Verhältnis hinreißen lässt. Nein.« Er schüttelte den Kopf. »Sie ist sehr tugendhaft, da können Sie auch den Pfarrer fragen. Sehr anständiges Elternhaus. Einfach, aber anständig. Sehr fromm. Und der Emil …«, Franz Obert machte eine Pause und überlegte, wie er sich am besten ausdrücken sollte, »da würde ich sagen, dass ich es mir eher vorstellen könnte … Also, ich sag mal so: Der Vater vom Emil war sehr herrisch und hat immer geschaut, dass er sein Recht kriegt. Oft hat er rumlamentiert, zum Beispiel beim Getreide, dass ihm die Abgaben zu hoch seien, dass er übervorteilt werde. Das macht der Jungbauer auch. Er war ja auch in russischer Kriegsgefangenschaft und ist wegen einer Verletzung schon früh rausgekommen. Da hat er sich wohl charakterlich etwas verändert – sagen die Leute. Die Schwestern von ihm haben ja auch Reißaus genommen, aber ehrlich gesagt auch schon vorm alten Lenz. Die hatten es nicht gut auf dem Hof. Jedenfalls: Der Emil hat es schon faustdick hinter den Ohren.«

»Was immer das bedeuten mag«, lächelte Bruno Strecker.

Franz Obert hob die Hände in Abwehrhaltung hoch. »Auf der anderen Seite ist er mit der Tochter vom Sägewerk verheiratet. Eine gute Partie. Sie hat selbst erst vor ein paar Wochen ein Kind entbunden. Wenn die Gerüchte stimmen würden … Das wär schon arg. Die arme Agnes. Ich hab jedenfalls nur das Schreiben ausgehängt, und weil Maria Wöhrle es widerrufen wollte, hab ich gesagt, sie soll zu Ihnen zur Gendarmerie gehen. Denn so ein ärztliches Untersuchungszeugnis kann ja nicht einfach verlangt werden.«

»Das stimmt«, nickte Strecker. »Wir werden sehen, ob es überhaupt nötig ist oder ob hier einfach nur die Fantasie der Leute Flügel bekommen hat.«

Die Sekretärin brachte den frisch aufgebrühten Kaffee, und der Gendarm trank eine Tasse mit viel Zucker, bevor er sich vom Bürgermeister verabschiedete.

Sein nächster Weg führte ihn ins Lebensmittelgeschäft, wo ihn Erna Draxler freundlich begrüßte.

»Was kann ich für Sie tun? Ich habe gerade ganz frische Ware erhalten, schauen Sie mal, das Obst.«

»Danke.« Strecker wehrte ab. »Es geht um Emil Dold vom Lenzenhof, kennen Sie den?«

Erna blieb der Mund offen stehen. Hatte Maria Wöhrle es doch tatsächlich geschafft, die Gendarmerie auf den Plan zu rufen.

»Das ist mein Bruder«, erklärte sie. »Wieso?«

»Na, dann kennen Sie ihn ja bestens. Es gibt hier so das Gerücht … Sie haben sicher schon davon gehört.«

»Die Leute reden hier immer«, erwiderte Erna schnell. »Oft ist es Unsinn.«

»Sie glauben also nicht, was man so sagt?«

»Was man so sagt?«

»Dass Ihr Bruder mit seiner Magd ein Liebesverhältnis hat. Und dass diese schwanger sei. Das wissen Sie doch längst.«

»Ja, ja, ich habe davon gehört.«

»Und? Glauben Sie es?«, wollte der Gendarm wissen.

Erna schüttelte heftig den Kopf. »Nein. Mein Bruder ist verheiratet mit der Tochter vom Sägewerk, wissen Sie.«

»Hab ich schon gehört, ja.«

»Da wird er ja wohl kaum mit der Magd anbändeln. Nein, ich kann es mir nicht vorstellen.« Erna machte einen entschlossenen Eindruck. »Er ist ja ihr Dienstherr. Er trägt eine Verantwortung für sie. Nein, so was macht man nicht.«

»Hat die Magd denn zugenommen?«

»Kann ich nicht sagen, nein.« Erna zuckte mit den Schultern. »Sie war schon immer ein bissle dick, gell.«

»Hm. Gut, dann erst mal vielen Dank. Auf Wiedersehen.« Bruno Strecker tippte an den Schirm seiner Mütze und verließ das Geschäft.

Von hinten näherte sich Elfriede Katzuleit.

»Kannst du dir nicht vorstellen«, grinste sie. »Na, ich denke, das ist erst der Anfang. Der lässt nicht locker, und dann werden wir alle ja sehen, wo die Wahrheit liegt, gell?«

Erna schaute Elfriede über ihre Schulter gereizt an. »Hast du nichts zu tun? Auf, mach dich ran. Der Rest geht dich nichts an.« Sie drehte sich ganz zu ihr um. »Der spricht wie du. Gell?«

Als Bruno Strecker das Postamt betrat, hielt Auguste Dreieich hinter dem Tresen gerade ein Schwätzchen mit Herta Spiegelhalter davor. Der Gendarm wusste noch nicht, was für ein Glücksfall das sein sollte. Zwei hauptamtliche Klatschweiber bei der Arbeit, amüsierte er sich später – da kam einiges bei raus.

Nachdem beide ihre Namen genannt hatten, legte Herta Spiegelhalter auch schon los.

»Die arme Maria! Dass sie so etwas mitmachen muss. Der Lenzenbauer hat sie doch nicht alle. Gefährlich ist der, das kann ich Ihnen sagen. Barsch und herrisch. Das sagt auch seine Schwester, die Erna. Kennen Sie die? Sie hat den Lebensmittelladen gegenüber. Auf jeden Fall kenn' ich beide, den Emil und die Rosa. Meine Güte, vor zwei Jahren, da konnte jeder sehen, dass die sich mögen. Da haben sie getanzt auf dem Pfingstfest, dass alle ganz neidisch wurden. Jeder hat da doch gedacht, dass die zwei mal heiraten würden, gell, Auguste? Es hat auch jeder gedacht, dass die Rosa deswegen zu ihm auf den Hof ist. Denn Sie haben's vielleicht gehört – so ganz einfach war es ja nicht mit dem alten Lenz. Ein schwieriger Charakter, das sag ich Ihnen. Sagen alle. Die Töchter haben gemacht, dass sie davonkamen. Da hat man gedacht, die Rosa mit ihrer Art, die tut den beiden bärbeißigen Männern gut. Auf jeden Fall: Nach dem Tod vom Vater heiratet der Emil plötzlich die Agnes, die sonst keiner wollte. Das war schon komisch.«

Herta holte kurz Luft. »Dann ist die schwanger. Also die Agnes. Und irgendwann wird auch die Rosa immer dicker. Wenn Sie mich fragen, die war ganz gewiss in anderen Umständen. Nach alldem, was auch noch die Maria verzählt hat, dass der Rosa immer so schlecht war bei der Feldarbeit. Nach dem Kartoffelsetzen war sie gar eine ganze Woche krank im Bett. Also vor drei Wochen war das etwa. Oder vor zwei? Auf jeden Fall nach Weißsonntag, das ist sicher. Und sie hatte vorher zugenommen, ganz bestimmt. Sie lacht auch gar nicht mehr so viel wie früher, sagt die Maria. Sonst hat die immer gelacht, gell, Auguste? Die Rosa ist eigentlich eine ganz Fröhliche. Und tüchtig. Da gibt's nichts.«

Auguste Dreieich nickte beflissen. »Ja, ja, Herr Oberwachtmeister. Die Rosa hat sich verändert. Da war was im Busch. Wissen Sie, ich war im Oktober mit meinem Mann bei Doktor Allmann in Neustadt. Wegen der Galle. Doktor Allmann kennen Sie doch, oder? Und wie wir da im Wartezimmer sitzen, kommt die Rosa rein und ist ganz verdruckst. Guckt nicht links, nicht rechts und grüßt nicht mal. Also, ich hab ja selbst drei Kinder, und ich könnt' schwören, dass die da schon schwanger war.«

»Doktor Allmann, sagen Sie?«, fragte Bruno Strecker. Interessant, dachte er.

»Um Weihnachten rum hatte die Rosa jedenfalls schon ein ordentliches Bäuchle«, wusste Herta Spiegelhalter zu berichten. »Sie hat ja versucht, es zu verbergen, aber man sah es schon, gell, Auguste?«

»Auf jeden Fall«, bekräftigte diese. »Und bei der Taufe von der kleinen Stefanie, der Tochter vom Emil und der Agnes, im Februar – da war es ganz eindeutig. Das haben alle gesagt, die da zum Kaffee waren. Und wissen Sie was? Bei der Fasnacht hat sich die Rosa überhaupt nicht blicken lassen. Das muss man sich mal vorstellen.«

»Und auch nicht kürzlich beim Pfingstfest«, ergänzte Herta.

»Nein, da auch nicht. Seltsam war das«, befand Auguste.

»Haben Sie sie denn mal auf Ihre Vermutungen angesprochen?«, fragte Strecker.

»Nein«, erwiderte Herta entrüstet. »Was denken Sie von uns?«

»Wir sind ja nicht neugierig«, bestätigte Auguste. »Wir können doch nicht einfach die Rosa fragen, ob sie was mit ihrem Dienstherrn hat und schwanger ist. Das gehört sich doch nicht.«

»Natürlich nicht«, beschwichtigte Bruno Strecker schmunzelnd.

»Also, hundertprozentig sagen können wir es natürlich nicht, ob die Rosa und der Lenzenbauer was miteinander haben und ob die Rosa schwanger war«, schränkte Herta jetzt ein, der plötzlich bewusst wurde, dass es ihr wie Maria Wöhrle ergehen könnte.

»Beweise haben wir keine«, ergänzte Auguste. »Nageln Sie uns da mal nicht fest.«

»Keine Sorge«, erwiderte Bruno Strecker. »Eine Frage habe ich noch: Angenommen, Rosa Löffler war tatsächlich schwanger. Was ist denn dann mit dem Kind?«

»Ach, Herr Oberwachtmeister.« Auguste grinste ihn besserwisserisch an. »Waren Sie schon mal auf einem Bauernhof? Da gibt es nun wahrlich genügend Möglichkeiten.«

»Viele«, ergänzte Herta.

»Machen Sie doch mal einen Vorschlag«, ermunterte der Gendarm die beiden Frauen.

»Abort«, schoss es aus Herta heraus.

»Saustall«, bemerkte Auguste.

»Misthaufen.«

»Acker. Sonst noch was?«

Die beiden Frauen sahen sich an und überlegten.

»Der Garten wird ja im April auch umgestochen«, meinte Auguste.

»Also, ich«, sagte Herta und reckte sich etwas aufrechter, »würde an Ihrer Stelle mal im Abort anfangen.«

»Meine Damen, ich danke Ihnen.«

Bruno Strecker klappte sein Notizbuch, in das er allerhand eingetragen hatte, zu. Die Vorstellung, sich eine Abortgrube genauer anzusehen, wie Herta Spiegelhalter es vorschlug, behagte ihm gar nicht. Außerdem war es mittlerweile Zeit fürs Mittagessen. Und nachdem die zwei Frauen ihm den Hinweis auf Doktor Allmann in Neustadt, wo er selbst wohnte, gegeben hatten, hatte Strecker schnell entschieden, den Rest des Tages so zu gestalten: Er würde direkt nach Neustadt fahren, um rechtzeitig zum Mittagessen bei seiner Frau zu sein. Diese war mit Sicherheit froh, nicht allein am Tisch sitzen und grübeln zu müssen. Dann würde er Doktor Allmann einen Besuch abstatten und hören, was dieser zu der Causa Rosa Löffler zu sagen hatte. Und danach wäre es sicher auch schon Zeit für seinen Feierabend, den er im Garten seines kleinen Häuschens zu verbringen gedachte. Den Bericht zu seinen heutigen Gesprächen würde er gleich morgen früh schreiben.

Selbstverständlich waren Bruno Strecker und seine Frau auch Patienten bei Doktor Allmann, es gab ja keine Alternative. Insofern konnte man das Erforderliche mit dem Nützlichen verbinden und sich bei der Gelegenheit den Blutdruck messen lassen. Seine Frau mahnte regelmäßig Streckers roten Kopf an und dass er mal zum Arzt gehen solle.

»160 zu 100«, erklärte Doktor Allmann und nahm das Stethoskop aus den Ohren. »Zu hoch.« Er setzte sich an seinen Schreibtisch und trug den Wert in die Karteikarte ein. »Haben Sie viel zu tun?«

Bruno Strecker stöhnte auf. »Nein, eher zu wenig.«

»Hm, beneidenswert. Essen Sie nicht zu fett, wenig Salz. Ein bisschen abnehmen könnte nicht schaden. Und etwas mehr Bewegung.«

»In Ordnung.« Strecker rollte den Ärmel seines Hemdes wieder herunter.

Doktor Allmann blickte von der Karteikarte hoch. »Kann ich sonst noch etwas für Sie tun?«

»Ja, können Sie. Sagen Sie, war im Oktober mal Rosa Löffler bei Ihnen? Sie ist Magd auf dem Lenzenhof drüben in Engenbach.« Bruno Strecker beobachtete Doktor Allmann aufmerksam, während er es sagte, und ihm entging das leichte Zucken im Gesicht des Arztes nicht. »Man munkelt, sie sei schwanger gewesen. Können Sie dazu etwas sagen?«

»Sie war hier, ja, das kann ich bestätigen«, erwiderte Doktor Allmann nach einer kurzen Pause. »Zu allem anderen kann ich Ihnen keine Auskunft geben. Arztgeheimnis. Ich kann nur etwas sagen, wenn ich von meiner Schweigepflicht entbunden werde. Da müssten Sie Fräulein Löffler schon direkt fragen.«

»Waren Sie denn mal Ende April auf dem Lenzenhof, weil die Magd krank im Bett lag?«

»Herr Strecker«, seufzte Doktor Allmann, »machen

Sie mir das Leben nicht schwer. Aber nein, ich war Ende April nicht auf dem Lenzenhof. Davor schon, aber nicht wegen der Magd, sondern wegen Agnes Dold, der Bäuerin. Sie wissen ja sicher, dass diese ein Kind bekommen hat.«

»Ja, ja, das habe ich gehört.« Bruno Strecker spürte, dass er hier nicht weiterkam, und erhob sich.

Doktor Allmann stand ebenfalls von seinem Stuhl auf und drückte dem Gendarmen die Hand. »Machen Sie es gut, Herr Strecker. Und achten Sie auf Ihre Ernährung.«

Als Oberwachtmeister Strecker am nächsten Vormittag seine Ermittlungsergebnisse zusammentrug, stellte er fest, dass er außer Gerüchten wenig Belastbares hatte. Zwar hatten alle Befragten angegeben, gehört zu haben, dass die Magd vom Bauern schwanger sei, aber mehr war aus ihnen nicht herauszuholen gewesen. Auguste Dreieich und Herta Spiegelhalter hatten sich immerhin ziemlich festgelegt und sich dazu noch zu Spekulationen hinreißen lassen, woran sie offensichtlich ihren Spaß hatten.

Bruno Strecker entschloss sich, den Pfarrer aufzusuchen. Auf dem Weg zum Pfarrhaus kam er wieder an dem Lebensmittelladen der Draxlers vorbei. Strecker blickte durch das Schaufenster und entdeckte eine andere Verkäuferin, die gestern nicht dort gewesen war. Er trat ein.

»Guten Tag, der Herr, was kann ich für Sie tun?«

Der Singsang ihrer Stimme kam ihm schmerzlich bekannt vor. »Breslau?«, fragte er unvermittelt.

»Fast«, antwortete die Frau, »Schweidnitz. Und Sie?«

»Kattowitz. Tja, die alte Heimat.« Strecker wurde wehmütig. Dann fing er sich wieder. »Sie arbeiten hier? Wie heißen Sie?«

»Elfriede Katzuleit. Ich bin seit vier Jahren hier. Hab noch Glück gehabt. Frau Draxler hat mir, als wir ankamen, zwei Zimmer zur Verfügung gestellt, und ich kann bei ihr arbeiten. Wir sind untergekommen. Oder soll ich sagen: angekommen?«

»Ja, Glück gehabt«, nickte Strecker. »Dann kennen Sie sich in der Gemeinde ja schon ganz gut aus, oder?«

»Weitestgehend«, bestätigte Elfriede.

»Haben Sie von den Gerüchten gehört, die hier so umgehen?«

»Natürlich. Aber dazu kann ich gar nichts sagen.«

Strecker lächelte sie an. »Oder wollen Sie nicht?«

Elfriede Katzuleit brauchte lange für eine Antwort. Strecker sah sie förmlich nachdenken.

»Also, wenn an den Gerüchten was dran ist, dann tut mir Rosa Löffler leid.«

»Das ehrt Sie. Aber was denken Sie?«

»Hm. Es stimmt schon, dass Rosa und der Bauer sich mögen. Vor zwei Jahren haben sie auf dem Fest zusammen getanzt, da lag Spannung in der Luft, sag ich Ihnen. Man hat die beiden auch oft zusammen gesehen, als der Bauer längst geheiratet hatte. Ohne Agnes, zum Beispiel in der Kirche. Und ich glaube auch, dass Rosa dicker geworden ist. Sie war ja kurz vor der Taufe hier im Laden gewesen, da hab ich schon gedacht, dass sie … Aber woran das liegt?« Elfriede zuckte mit den Schultern. »Sie war ja anscheinend schon immer sehr kräftig.«

»Danke, das ist ja schon mal etwas.«

»Herr Wachtmeister«, Elfriede zögerte, bevor sie weitersprach. »Halten Sie meinen Namen da raus, ja? Wir haben es hier schon schwer genug, und ich will nicht, dass man über uns so redet wie über Rosa. Über uns wird schon genug gelästert. Ich habe noch zwei Kinder, wissen Sie?«

»Natürlich, verlassen Sie sich drauf. Einen schönen Tag noch.« Strecker tippte an seine Mütze.

Der Pfarrer bat den Gendarmen in sein Büro. »Bitte nehmen Sie Platz.«

»Danke. Ich komme wegen Rosa Löffler. Sie kennen sie sicher.«

»Selbstverständlich. Von Kindesbeinen an. Eine gute Katholikin. Sehr tugendhaft, fleißig. Sie kommt regelmäßig in die Kirche, auch zur Beichte.«

»Kam sie Ihnen unlängst seltsam vor, verändert?«, wollte Bruno Strecker wissen.

Der Pfarrer dachte nach. »Kann ich nicht sagen. Tatsächlich war sie eine ganze Weile nicht so oft im Gottesdienst. Ich habe auch gehört, dass sie krank war. Wahrscheinlich hat sie deshalb gefehlt.«

»Man redet ja allerhand über sie. Auch über den Lenzenbauern. Das haben Sie vielleicht schon gehört.«

»Herr Oberwachtmeister«, der Pfarrer wurde schmallippig, »solches Geschwätz mache ich mir nicht zu eigen.«

»Natürlich nicht.« Strecker schüttelte den Kopf. »Verstehen Sie mich nicht falsch. Aber Sie kennen die Gerüchte.«

»Ja. Jeder hier kennt sie. Aber dazu will ich mich nicht äußern. Nur, dass die Rosa einen sehr, sehr guten Leumund hat. Fragen Sie – jeder im Ort wird Ihnen sagen, dass sie ein gutes Mädchen ist. Sie ist im Geist vielleicht etwas einfach gestrickt, aber sie ist arbeitsam, brav, ehrlich, tüchtig, fromm.« Der Pfarrer dachte kurz nach. »Liebenswürdig, ja. Ich würde sie jederzeit als Haushälterin beschäftigen, wenn ich nicht schon eine hätte.«

»Und der Bauer Emil Dold?«

»Der Bauer«, der Pfarrer machte eine abwehrende Handbewegung, »oje. Also, ich kann nichts Schlechtes sagen. Eher über seinen Vater, der jedem Rock hinterhergeschielt hat. Ich hatte ihm mehr als einmal ins Gewissen geredet. Er hat auch gern getrunken. Der Emil war ja im Krieg verwundet worden und kam dann aus der Gefangenschaft recht früh frei. Vielleicht hat ihn das ein bissle verändert. Sagt man zumindest. Heute ist er ja gut verheiratet mit der Agnes vom Sägewerk. Ein Kind haben sie gerade gekriegt. Das haben wir erst vor drei Monaten getauft. Nein, ich denke, an den Gerüchten ist nichts dran.«

»Hat denn Rosa Löffler Ihnen mal etwas von sich aus erzählt? Bei der Beichte zum Beispiel?«

»Sind Sie katholisch?«, fragte der Pfarrer zurück.

»Selbstverständlich.«

»Dann wissen Sie ja auch, dass es das Beichtgeheimnis gibt. Ich kann Ihnen dazu nichts sagen. Und will es auch nicht.« Der Pfarrer schaute auf seine Armbanduhr und stand auf. »War es das? Dann wünsche ich Ihnen noch einen guten Tag.«

Es war an der Zeit, mit seinem Kollegen zu sprechen. Wachtmeister Karl Wunderle, Mitte dreißig, war Engenbacher durch und durch. Die Führungskompetenz des ranghöheren Oberwachtmeisters Strecker akzeptierte er nur widerstrebend, einer der Gründe, warum Strecker die Zusammenarbeit mit ihm nicht suchte. Jetzt könnte er hilfreich sein. Strecker bat den Kollegen in sein Büro.

»Klar hab ich das gehört.« Karl Wunderle biss in das Wurstbrot, das er sich gerade ausgepackt hatte, als sein Chef unbedingt mit ihm sprechen wollte.

»Wollen Sie mit Ihren Kontakten mal verifizieren, ob an der Sache was dran ist?«

»Veri… was?« Brotkrümel flogen Richtung Bruno Strecker, der sich missbilligend einige vom Ärmel klopfte.

»Hören Sie sich um. Vielleicht lassen die Leute bei Ihnen mehr raus als bei mir. Sie kennen doch alle.«

»Jetzt?«

»Jetzt. Oder haben Sie Wichtigeres zu tun?«

Karl Wunderle erhob sich begeistert. »Überhaupt nicht. Auf Wiedersehen.«

Bruno Strecker lehnte sich in seinem Bürostuhl zurück und schaute nachdenklich aus dem Fenster. Mit Gerüchten war es ja immer so eine Sache. Oft waren sie maßlos übertrieben, angefüttert durch die Fantasie der Leute; und je mehr sie weitererzählt wurden, desto weniger ähnelte die Endaussage dem ursprünglichen Kern. Doch eben dieser ursprüngliche Kern hatte oft seine Bewandtnis. Ein Körnchen Wahrheit könnte an der Geschichte dran sein. Vielleicht war es so: Die Magd hatte tatsächlich ein Liebesverhältnis. Es musste ja nicht der Lenzenbauer selbst sein. Andererseits – wenn es nicht Emil Dold war, warum war dieser dann so vehement bei Maria Wöhrle eingeschritten? Getroffene Hunde bellen, so hieß es doch. Und eigentlich jeder, den er inzwischen gefragt hatte – vom Pfarrer mal abgesehen –, hatte doch zumindest gesagt, dass Rosa Löffler und Emil Dold sich sehr zu mögen schienen.

Vielleicht wurde die Magd tatsächlich schwanger, von Dold selbst oder einer vermeintlichen Bekanntschaft, und die Leibesfrucht hielt sich nicht und ging frühzeitig ab. Dann konnte man der Magd außer unredlichem Verhalten kaum einen Vorwurf machen. Strecker dachte an die Schwangerschaften seiner Frau zurück. Sie war in diesen Zeiten immer überaus verändert gewesen. Vom Wesen, von der körperlichen Statur her, ja, selbst ihr Gang war anders. Ihre Haut, ihr Blick. Auch sie war kräftig und konnte arbeiten, aber während der Schwangerschaften hatte sie sich doch eher geschont. Nein, Strecker fehlte die Fantasie, wie eine Frau einen solchen Zustand über Monate hinweg zu verbergen in der Lage sein sollte. Und doch kam es vor, das wusste er. Nicht nur in der Literatur, auch im richtigen Leben. Strecker selbst war zwar zuvor noch nie mit so einem Fall befasst gewesen, aber er wusste es aus Erzählungen von Kollegen.

Der Oberwachtmeister beschloss, der hiesigen Hebamme einen Besuch abzustatten. Josefa Löffler war eine angesehene Persönlichkeit in der Gegend, es gab kaum eine Person unter zwanzig Jahren, die nicht von ihr auf die Welt geholt worden war. Sie wohnte mit ihrem Mann zwischen Dreisach und Engenbach. Strecker hatte Glück – als er bei ihr klopfte, war sie gerade zu Hause und nicht unterwegs zu einer Frau, die ihre Hilfe benötigte.

In der Stube bot Josefa Löffler dem Gendarmen einen wohlschmeckenden Tee an und setzte sich ihm gegenüber.

»Frau Löffler, kennen Sie die Magd vom Lenzenhof, Rosa Löffler? Sie haben ja denselben Nachnamen.«

Josefa nickte. »Natürlich kenne ich sie. Wir sind tatsächlich verwandt – nicht so nah, wie Sie jetzt vielleicht denken. Der Vetter ihres Großvaters war mein Vater. Hier auf dem Wald sind ja alle irgendwie miteinander verbandelt.«

»Haben Sie auch schon gehört, dass Rosa mit ihrem Dienstherrn ein Verhältnis haben und schwanger sein soll?«

Josefas sonst so freundliche Gesichtszüge verhärteten sich. »Ich habe es gehört.«

»Und? Was glauben Sie?«

Josefa lehnte sich zurück und verschränkte die Arme. »Wenn ich mich an Gerüchten beteiligen wollte, dann könnte ich hier nicht mehr arbeiten. Die Leute müssen mir vertrauen können. Ich höre und sehe so viele Geschichten und Schicksale. Ich kann Ihnen dazu nichts sagen.«

»Gut, das verstehe ich«, erwiderte Strecker, der sich an die Reaktion des Pfarrers erinnert fühlte. »Dann anders gefragt: Halten Sie es für denkbar, dass eine junge Frau eine Schwangerschaft so verstecken kann, dass es keiner mitbekommt?«

»Natürlich ist das denkbar. Das ist schon viel zu oft passiert. Das heißt aber nicht, dass ich glaube, dass dies auf Rosa zutrifft.«

»Was macht eine Frau in so einem Fall?«

Josefa schaute Bruno Strecker geradezu feindselig an. »Ich bin die Falsche, um Ihnen Ihre Fragen zu beantworten. Ich kann und möchte mich an Spekulationen nicht beteiligen.«

»Kann man als Betroffene selbst eine Abtreibung in die Wege leiten?«

Die Hebamme winkte ab. »Natürlich.«

»Zum Beispiel?«, wollte Strecker wissen.

»Zum Beispiel über bestimmte Kräuter oder über mechanische Bewegungen oder mit eingeführten Gegenständen. Das ist immer mit hohem Risiko verbunden. Aber erwarten Sie nicht von mir, dass ich Ihnen das genauer erläutere. Es reicht jetzt.«

»Muss eine Frau nach einer Geburt nicht Hilfe in Anspruch nehmen?« Strecker ließ nicht locker.

»Sollte sie. Natürlich. Aber wie viele Frauen haben nicht schon ganz allein ein Kind auf die Welt gebracht.« Die Hebamme stand auf. »Ich muss los. Eine Schwangere wartet auf mich. Es tut mir leid, aber ich kann Ihnen nicht helfen.« Auffordernd blickte Josefa den Gendarmen an.

Dieser seufzte und gab auf. »Ich verstehe. Trotzdem vielen Dank.«

Am nächsten Tag tauchte Wachtmeister Karl Wunderle wieder in Streckers Büro auf.

»Also, ich tät' sagen, an den Gerüchten ist was dran«, erklärte er.

»Wie kommen Sie darauf?«, fragte Bruno Strecker. »Haben Sie konkrete Erkenntnisse?«

»Konkret vielleicht nicht, aber es gibt nicht einen Einzigen, mit dem ich oder meine Frau gesprochen haben, der das nicht glaubt.«

»Das deckt sich mit meinen Erfahrungen. Dennoch sind das reine Spekulationen«, gab Strecker zu bedenken.

»Es ist ein Ansatz«, entgegnete Wunderle. »Am besten fahren wir jetzt zum Lenzenhof und nehmen uns die feine Magd mal vor. Und den Bauern gleich dazu.« Er rieb sich in Vorfreude auf die Aktion die Hände.

Strecker nickte. »Ja, wahrscheinlich haben Sie recht.« Er stand auf und setzte seine Mütze auf. »Aber, Herr Wunderle, dass das klar ist: Das Gespräch leite ich.«

»In Ordnung.« Wunderle salutierte übertrieben. »Hauptsache, wir haben mal wieder einen Fall.«

Im Streifenwagen wollte Karl Wunderle gleich das Blaulicht einschalten, doch Bruno Strecker bremste ihn. Jugendlicher Heißsporn, dachte er, nicht ohne etwas amüsiert darüber zu sein. Denn ihm ging es ähnlich: Er war einfach froh, etwas zu tun zu haben.

*

Mit dem Wagen dauerte es zwanzig Minuten, bis der Lenzenhof erreicht war. Er lag in einer Talsenke und entsprach den typischen Schwarzwälder Bauernhäusern, die Bruno Strecker immer etwas unheimlich vorkamen. Das riesige, tief heruntergezogene Dach wirkte auf ihn bedrohlich, darunter nur kleine Fenster. Diese Art von Bau erschien ihm wie eine Trutzburg. Die Tenne erreichte man über die Hocheinfahrt, die zur schmalen Straße lag. Er parkte ihren Dienst-VW-Käfer direkt davor.

Kaum waren Strecker und Wunderle ausgestiegen, kam der Bauer schon festen Schrittes auf sie zu.

»Was wollen Sie?«, knurrte Emil Dold statt einer Begrüßung.

»Guten Tag«, erwiderte Bruno Strecker ruhig. »Wir möchten gerne mit Ihrer Magd sprechen.«

»Warum?«

Strecker lächelte den Bauern höflich an. »Das möchten wir ihr schon selbst sagen.«

Emil überlegte einen kurzen Moment und nickte dann. »Moment.«

Er verschwand aus dem Blickfeld der Gendarmen, und sie hörten ihn nach Rosa brüllen. Kurz darauf kam sie zögerlich auf die beiden zugelaufen.

Strecker musterte die Frau. Sie war sehr jung, tatsächlich so drall, wie jeder, mit dem er gesprochen hatte, sie beschrieben hatte, und wirkte verunsichert.

»Guten Tag, sind Sie Rosa Löffler? Ja? Gut. Ich bin Oberwachtmeister Strecker, das ist mein Kollege Wachtmeister Wunderle.«

»Hallo, Karl«, murmelte Rosa leise.

»Guten Tag, Rosa«, erwiderte Karl Wunderle und räusperte sich.

»Fräulein Löffler«, fuhr Strecker fort, »Sie haben ja sicher schon von den Gerüchten gehört, die im Ort so über Sie im Umlauf sind.«

Rosa schaute angsterfüllt von Bruno Strecker zu Karl Wunderle und zurück. »Nein«, antwortete sie leise.

Strecker bemerkte ihre Furcht. »Wirklich nicht? Sind Sie sicher? Oder ist an dieser Geschichte einfach nichts dran?«

Rosa drehte sich um, als hielte sie nach etwas oder jemandem Ausschau, bevor sie sich wieder den Gendarmen zuwandte. »Nichts dran.« Sie senkte die Augen.

»Sei nicht dumm, Rosa, sag halt was dazu«, ging Karl

Wunderle dazwischen und erntete einen bösen Blick von Strecker.

Rosa schwieg beharrlich.

»So kommen wir nicht weiter, Fräulein Löffler«, erklärte Strecker nach einem quälend langen Moment der Stille. »Ich mache Ihnen einen Vorschlag. Wir sprechen auf unserem Gendarmerieposten miteinander. Gleich morgen früh. Wann könnten Sie da sein? Neun Uhr?«

Rosa nickte, ohne den Blick zu heben.

»Gut, dann sehen wir uns morgen Vormittag in Dreisach. Einen schönen Tag noch.«

Ohne ein Wort zu verlieren, drehte sich Rosa um und lief schnell zum vorderen Teil des Hauses.

»Da stimmt doch was nicht«, meinte Karl Wunderle aufgeregt, als sie wieder im Auto saßen. »Warum haben Sie da nicht nachgehakt?«

»Herr Wunderle«, entgegnete Strecker. »Sie haben sie doch gesehen. Hier, vor ihrem Dienstherrn, wird sie uns ganz bestimmt nichts sagen. Was Sie noch lernen müssen, ist Geduld. Ich wette, morgen wissen wir mehr.«

Er startete den Wagen, wendete und fuhr zurück auf die Straße. Aus dem Fenster heraus sahen sie, wie Rosa mit Emil im Garten stand und der Bauer heftig auf sie einredete. Armes Mädchen, dachte Strecker unwillkürlich.

Pünktlich um neun erschien Rosa am nächsten Morgen auf dem Gendarmerieposten und wurde von Bruno Strecker freundlich begrüßt.

»Wie sind Sie hergekommen?«, fragte er.

»Zu Fuß.«

»Zu Fuß«, wiederholte Strecker erstaunt. Sie tat ihm sofort leid, denn sie war sicher über zwei Stunden unterwegs gewesen, um rechtzeitig hier zu sein.

Er bot ihr einen Kaffee an, den sie ablehnte, und deutete auf den Stuhl vor seinem Schreibtisch. Karl Wunderle schrieb Protokoll und saß an einem kleinen Tisch daneben, die Schreibmaschine vor sich.

»Erzählen Sie mal«, forderte Strecker sie auf, als er selbst Platz genommen hatte. »Wie lange arbeiten Sie denn schon auf dem Lenzenhof?«

»Über zwei Jahre.«

Rosa nestelte nervös mit ihren Fingern, und Strecker fielen ihre kräftigen Hände auf, die zweifellos Arbeit gewohnt waren.

»Und? Gefällt es Ihnen?«

»Ja, es ist ein gutes Arbeitsverhältnis.«

»Was verdienen Sie?«

»Vierzig Mark im Monat. Und natürlich Kost und Kammer, das gehört ja auch dazu.«

Strecker betrachtete sie mit einem prüfenden Blick. »Kommen Sie mit dem Bauern und seiner Frau zurecht?«

»Ja, ja«, Rosa nickte heftig. »Es gibt keine Probleme, weder mit ihm noch mit ihr.«

»Man sagt, Sie verstehen sich besonders gut mit dem Bauern«, stellte Strecker fest.

Die Antwort ließ auf sich warten, Rosa schien nachzudenken, begleitet vom Klackern der Schreibmaschine.

»Ja, wir mögen uns«, sagte sie schließlich, als Karl Wunderle aufhörte, auf die Tasten zu drücken. »Aber sonst nichts. Nichts davon stimmt, was die Leute so schwätzen.«

»Verstehe.« Strecker räusperte sich. »Können Sie nachvollziehen, warum die Leute so über Sie reden?«

»Nein.« Rosa schüttelte den Kopf. »Vielleicht sind sie neidisch, weil ich mich mit dem Emil und der Agnes so gut verstehe. Weil ich es gut dort habe.«

»Und Sie bleiben dabei, dass Sie und der Bauer sich nicht auf eine bestimmte Weise nähergekommen sind?«

»Ja, sicher. Das gehört sich doch nicht.«

»Hatten Sie schon mal Geschlechtsverkehr?«

Rosa schaute den Oberwachtmeister entsetzt an und wurde rot im Gesicht. Strecker setzte nach:

»Das ist eine ganz einfache Frage, die Sie mit Ja oder Nein beantworten können.«

Karl Wunderle stellte das Tippen auf der Schreibmaschine ein und schaute interessiert zu Rosa herüber.

»Also … ich …«, stotterte Rosa. »Ja«, schob sie nach einer Weile hinterher, »aber nur einmal im Sommer mit einem Burschen, der beim Heuen geholfen hatte. Es war eine einmalige Sache, und ich bereue es.«

»Sind Sie davon schwanger geworden?«, wollte Strecker nun wissen.

»Nein … also … ich weiß nicht genau.« Rosa biss sich auf die Lippen. »Ich hatte meine Regel nicht bekommen und dachte, ich könnte schwanger sein. Aber dann hab ich sie doch bekommen.«

»Waren Sie deshalb bei Doktor Allmann?«

»Ja, ja, aber er hat gesagt, dass er nicht sagen könne, ob ich schwanger sei. Irgendwann hab ich ja wieder meine Sach' gehabt. Ich war mit dem Fahrrad zu meinem Elternhaus gefahren, und danach ging es wieder los, wahrscheinlich durch die Anstrengung. Es war nichts.«

»Also hat Doktor Allmann bei Ihnen keine Schwangerschaft festgestellt, sagen Sie?«

»Nein.« Rosa schüttelte wieder den Kopf und schaute auf den Fußboden. Sie war nach wie vor tiefrot im Gesicht. »Bitte lassen Sie das. Es ist mir unangenehm.«

Doch Bruno Strecker war noch nicht am Ende. »Wie kommt es denn, dass eine ganze Gemeinde, ein ganzes Dorf über nichts anderes redet, als dass Sie ein Verhältnis mit dem Lenzenbauern haben und von ihm auch noch schwanger wurden?«

»Woher soll ich das wissen? Die Leute reden hier immer. Die Tratschtanten, Emils Schwester … Die haben sonst nichts Besseres zu tun«, wehrte sich Rosa.

»Es herrscht einhellig die Meinung, dass Sie zugenommen hatten.«

Rosa zuckte mit den Schultern und sagte nichts. Sie starrte zu Boden.

»Das stimmt doch, Rosa, was soll das?«, mischte sich Karl Wunderle ein. »Meine Frau hat auch gesagt: So sieht doch nur eine Schwangere aus. Jetzt gib's schon zu.«

»Herr Wunderle«, bremste Strecker seinen Kollegen scharf.

»Ich nehm' halt leicht zu«, verteidigte sich Rosa. »Das hat doch nichts mit Schwangersein zu tun.«

»Stimmt es denn, dass Sie Ende April beim Kartoffelsetzen Schmerzen bekamen?«, wollte Strecker jetzt wissen.

»Ja, das war der Magen. Ich hab immer wieder Probleme mit dem Magen.« Rosa klang mittlerweile verzweifelt.

»Und stimmt es, dass Sie danach eine Woche krank im Bett lagen?«

»Nein. Es waren nur drei Tage, keine Woche. Ich hatte meine Regel, und davon taten mir die Beine so weh, dass ich nicht aufstehen konnte. Fragen Sie Agnes, die Lenzenbäuerin, die wird es Ihnen bestätigen.«

»Kann es nicht eher sein, dass Sie da ein Kind bekommen haben?«, fragte Strecker streng.

Rosa sah ihn mit vor Schreck geweiteten Augen stumm an. Spätestens in diesem Moment wurde dem Oberwachtmeister klar, dass an der Geschichte etwas dran sein musste.

»Fräulein Löffler«, er beugte sich zu ihr vor, »ich denke, es ist sinnvoll, wenn wir alle zusammen jetzt zum Lenzenhof fahren und uns Ihre Kammer mal genauer anschauen. Kommen Sie.«

Tatsachen

Der Dienst-VW-Käfer hielt wieder vor der Hocheinfahrt. Die beiden Gendarmen stiegen aus, Karl Wunderle klappte die Rückenlehne des Beifahrersitzes nach vorne und ließ Rosa aus dem Auto steigen. Sie war verängstigt und war auf der Fahrt zum Lenzenhof auf der Rückbank immer mehr in sich zusammengesunken.

Kaum stand sie draußen, kam auch schon der Lenzenbauer um die Ecke. »Was ist hier los? Was wollen Sie?«, fragte er unfreundlich.

»Guten Tag.« Bruno Strecker lächelte ihn an, es war sein probates Mittel, um eventuelle Verdächtige oder Schlechtgelaunte etwas zu zähmen. »Es tut mir leid, aber wir müssen uns die Kammer Ihrer Magd genauer anschauen.«

»Das dürfen Sie nicht«, raunzte Emil. Sein Blick ging zu Rosa, die den Kopf gesenkt hielt.

»Doch, doch, Herr Dold, das dürfen wir. Gefahr in Verzug. Wo geht es lang? Fräulein Löffler, gehen Sie doch vor.« Bruno Strecker wies mit seiner rechten Hand Richtung Hauseingang.

Drinnen im Flur hörte man aus der Stube einen Säugling schreien und die beruhigenden Worte seiner Mutter. Die beiden Gendarmen folgten Rosa die Treppe hinauf. Oben angekommen ging sie auf den Außengang, lief diesen hinunter und öffnete die hintere der zwei Türen. Hinter Strecker und Wunderle lief Emil Dold.

»Was soll das? Warum machen Sie das überhaupt?«, rief er empört, und Bruno Strecker glaubte zu spüren, dass der Bauer nervös war.

Er stoppte Emil vor der Tür. »Bleiben Sie mal schön draußen.« Dann trat er als Dritter in die Kammer ein.

Viel mehr Personen hätten in diesem kleinen Raum auch keinen Platz gehabt. Karl Wunderle schob den Holzschieber weit auf, sodass Tageslicht hineinfiel.

Die Kammer war schlicht eingerichtet. In der Ecke ein schmales Bett, davor ein Nachttisch mit einer elektrischen Lampe, daneben eine Kommode, auf der eine Waschschüssel mit Krug stand. Darüber hing ein Spiegel. Auf dem Boden lag ein alter verblichener, etwas schmuddeliger Teppich, der nicht so recht zum ansonsten makellos sauberen Zustand der Kammer passen mochte. An der Wand gegenüber dem Bett war eine Leiste mit Haken befestigt, an denen vier Kleider hingen. Zwei waren Arbeitstrachten, das dritte ein verschossenes Alltagskleid in Blau. Das vierte Kleid stach hervor, allein schon farblich: Es war rot und hatte einen schmalen weißen Gürtel. Strecker ging näher heran, und ihm fielen Unregelmäßigkeiten auf dem Gürtel auf. Mit den Finger fuhr er an ihm entlang. An mehreren Stellen schien es, als hätte jemand in den Gürtel gebissen. Derart beschädigt mochte er so gar nicht zu dem hübschen Kleid passen. Streckers Blick ging zu Rosa, die in der Ecke stand und verzagt wirkte.

Karl Wunderle machte sich mit großer Energie daran, die Kammer systematisch zu durchsuchen. Er fing mit der Kommode an, öffnete Schublade um Schublade und zog bald eine Schere hervor, die er stolz seinem Vorgesetzten entgegenhielt. Strecker nahm sie in die Hand. Das Licht in der Kammer war zu gering, um etwas zu erkennen. Er ging Richtung Fensteröffnung zum Sonnenstrahl und inspizierte die Schere.

»Sind diese kleinen Stellen hier vielleicht Blut, Fräulein Löffler?«

Rosa senkte den Kopf noch weiter als zuvor und sagte gar nichts.

»Sie haben die Schere gesäubert, aber selbst mit bloßem Auge sind noch Reste erkennbar«, stellte Strecker fest.

»Das hier ist auf jeden Fall Blut«, rief Karl Wunderle dazwischen und reckte triumphierend eine graue Strickjacke in die Höhe, die rot verfleckt war. »Unter der Matratze versteckt.«

»Fräulein Löffler, möchten Sie sich dazu äußern?«, fragte Strecker.

Rosa hob nach wie vor den Kopf nicht und schüttelte ihn nur unmerklich.

Strecker trat von dem kleinen Teppich herunter und zog ihn zur Seite. Darunter kamen einige Flecken zum Vorschein. Wunderle und Strecker gingen in die Hocke und betrachteten sie genauer.

»Vielleicht auch Blut«, mutmaßte Wunderle.

»Ja, vielleicht.« Strecker ging wieder in die Höhe. »Also, wir packen diese Sachen jetzt ein, und dann fahren wir zurück zum Posten. Es tut mir leid, Fräulein Löffler, aber wir müssen Sie mitnehmen. Ich habe doch den starken Eindruck, dass hier etwas stattgefunden hat, was Sie uns gerne verschweigen möchten. Auf geht's.«

Er zog noch den weißen Gürtel vom roten Kleid und verließ als Erster die Kammer. Davor stand breitbeinig Emil Dold.

»Was machen Sie da?«, fragte dieser unfreundlich. »Was ist mit Rosa? He, sagen Sie was!«

»Wir müssen Ihre Magd mitnehmen. Verdunkelungsgefahr. Tut mir leid, aber lassen Sie uns durch.« Mit Kraft schob Strecker den Bauern zur Seite.

Am Auto angekommen, kletterte Rosa wieder auf die Rückbank, Strecker setzte sich hinter das Steuer, Wunderle auf den Beifahrersitz. Der Motor startete, Strecker wendete, und Rosa schaute hinten aus der kleinen Heckscheibe heraus zu Emil, der fassungslos ein paar Schritte hinter dem Auto herlief. Ein letztes Mal trafen sich ihre Blicke, bevor der Wagen auf die Straße abbog und beschleunigte.

Auf dem Gendarmerieposten Dreisach gab es für alle Eventualitäten zwei kleine Arrestzellen. Zuletzt hatte hier der enttarnte Viehdieb genächtigt, bevor er nach Freiburg ins Gefängnis überstellt wurde. Oberwachtmeister Strecker ging davon aus, dass es mit Rosa ähnlich sein würde – vorausgesetzt, er würde jetzt mehr aus ihr herausbekommen. Sie war gesenkten Hauptes in die Zelle getreten und hatte ohne sichtliche Regung den Verschluss über sich ergehen lassen. Zuvor hatte Karl Wunderle ihre Personalien aufgenommen. Als er ihr ihre Wertsachen abnehmen wollte, musste er feststellen, dass sie überhaupt keine hatte. Allein die Schürze musste sie abgeben, damit sie in der Zelle nicht auf dumme Gedanken kam.

Bruno Strecker telefonierte derweil mit der Staatsanwaltschaft in Freiburg und trug Wunderle danach auf, mit den sichergestellten Stücken sofort hinunter in die Stadt zu fahren. Sie mussten wissen, was das für Flecken an der Strickjacke waren und ob die Schere eine Rolle bei einer Geburt gespielt hatte. Lediglich den Gürtel hielt Strecker noch zurück. Noch hatte Rosa Löffler nichts zugegeben, aber je länger er den Gürtel betrachtete und hin- und herfaltete, desto sicherer wurde er, dass die markanten Stellen Bissspuren waren. Warum hatte sie auf ihren schönen Gürtel gebissen? Es konnte eigentlich nur eine Erklärung dafür geben.

Er brauchte Gewissheit. Der Oberwachtmeister griff zum Telefon und rief in der Praxis von Doktor Allmann an. Der Arzt versprach, gleich am nächsten Morgen vor Beginn seiner Sprechstunde zur Gendarmerie zu kommen und Rosa auf eine Entbindung hin zu untersuchen.

Strecker legte auf und beschloss, noch einmal zum Lenzenhof zu fahren. Das bedeutete, dass er Rosa im Arrest ganz allein lassen musste, aber es würde sicher nicht lange dauern.

Auf dem Lenzenhof kam ihm wieder sofort Emil Dold entgegen, kaum dass er aus dem Auto gestiegen war. Der Bauer schien sichtlich bemüht, den Gendarmen nicht ins Haus zu lassen.

»Was ist mit meiner Magd? Wieso ist sie nicht bei Ihnen?«

»Wir mussten sie erst mal in Gewahrsam nehmen. Vielleicht kommt sie morgen wieder frei.«

»Sie können doch nicht …« Emil fehlten die Worte.

»Herr Dold, denken Sie mal nach, ob Ihre Magd nicht vielleicht doch schwanger gewesen sein könnte.«

»Hören Sie auf! Ich hab es Ihnen doch schon gesagt. Ja, sie hat mal im Herbst was verzählt. Dass sie ihre Sach' nicht gekriegt hätte. Aber dann hat sie sie ja doch gekriegt. Es war also nichts.«

»Das erzählt Sie ausgerechnet Ihnen, einem Mann«, stellte Strecker fest.

»Warum nicht?«, entgegnete Emil. »Wenn sie nicht richtig arbeiten kann, dann muss ich ja wissen, was los ist.«

»Würde sie solche Themen nicht eher mit Ihrer Frau besprechen?«

Emil fiel dazu keine Antwort ein und schwieg.

»Und mit wem hatte sich Rosa Löffler eingelassen, was wissen Sie dazu?«, fragte Strecker weiter.

»Ha, irgendein Bursche, der mal bei der Ernte geholfen hat. Unangenehme Type. War nur zwei Tage da, dann ist er weitergezogen.«

»Und wie hieß er?«

»Wer?« Emil Dold schaute verdutzt.

»Na, Ihr Erntehelfer.«

»Äh …«, stotterte Emil. Dann fing er sich wieder. »Keine Ahnung, hab ich vergessen.«

»Sie müssten doch eigentlich die Personalien Ihrer Helfer kennen, oder nicht?«

Emil zuckte mit den Schultern. »Der war ja nur kurz da. Was weiß ich. Der hat seinen Lohn bar auf die Hand gekriegt, und verschwunden war er. Und ich war froh. Ein Hallodri war das, aber anpacken konnte er nicht gescheit. Hat nur den Röcken hinterhergeguckt. Nee, keine Ahnung, wie der hieß.«

»Haben Sie mitbekommen, wie dieser Mann sich an die Magd herangemacht hat?«

»Natürlich nicht, sonst hätte ich ja was gesagt«, entgegnete Emil. »Ich bin ja als Dienstherr auch für die Rosa verantwortlich.«

»Sie haben ja ein gutes Verhältnis zu Rosa Löffler«, meinte Strecker. »Sie hat es uns selbst gesagt, dass hier auf dem Hof alle gut miteinander auskommen.«

»Ja, ja, sehr gut. Können Sie auch meine Frau fragen.«

Strecker lächelte. »Ja, das würde ich gerne. Darf ich mit ihr sprechen?«

Wieder schaute Emil verdutzt. Er hatte nicht damit gerechnet, dass der Gendarm den Ball aufnehmen und weiterspielen würde. Auf die Schnelle fiel ihm keine schlüssige Erklärung ein, wie er Bruno Strecker davon abhalten sollte, Agnes zu befragen.

»Also gut, kommen Sie mit rein«, murrte er.

Agnes saß in der Stube und hatte gerade Stefanie fertiggestillt, als Bruno Strecker eintrat. Es war das erste Mal, dass er die Lenzenbäuerin zu Gesicht bekam, und er erinnerte sich daran, wie Maria Wöhrle ihm ausführlich die Unterschiede der beiden Frauen auf dem Hof beschrieben hatte. Tatsächlich, die beiden hätten gegensätzlicher nicht aussehen können. Gegen die hochgewachsene, hagere Agnes Dold wirkte Rosa ausgesprochen weiblich, sie war die Hübschere der beiden. Dazu kam, dass bei der Lenzenbäuerin alles ein bisschen schief aussah – ihre Haltung, die Nase, der Mund, der die vorstehenden Zähne kaum zu verbergen vermochte. Strecker stellte sich höflich vor, und sie begrüßte ihn freundlich und bestimmt.

»Fragen Sie, Herr Oberwachtmeister, vielleicht kann ich Ihnen weiterhelfen.«

»Gut, vielen Dank.« Strecker räusperte sich kurz. »Wie ist Ihr Verhältnis zu Rosa Löffler?«

»Sie ist unsere Magd.« Agnes sah überrascht zu ihrem Ehemann hinüber, der im Türrahmen lehnte. »Wir kommen sehr gut mit ihr zurecht. Sie ist fleißig und ordentlich, schafft für zwei.« Agnes musste lachen. »Das sage ich nicht nur so. Denn als ich schwanger war, ging es mir so schlecht, dass Rosa wirklich für zwei gearbeitet hat. Sie hat alles, was ich nicht machen konnte, klaglos übernommen. Sie ist wirklich ein Engel.«

»Das heißt, Sie verstehen sich gut mit ihr«, stellte Strecker fest.

»Selbstverständlich. Wir beide, gell, Emil?« Agnes tätschelte ihrem Kind den Rücken, während sie ihren Mann anlächelte.

»Haben Sie schon gehört, was im Dorf so geredet wird über die Magd?«

Agnes schüttelte den Kopf. »Nein, ich weiß von nichts. Schauen Sie, seit der Geburt von Stefanie habe ich den Hof nur zweimal verlassen – zur Taufe und kurz zum Pfingstfest. Stefanie fordert mich sehr, sie weint viel. Ich komme gerade nicht unter die Leute.«

»Sie haben noch nie mitbekommen, dass die Leute reden, dass Ihr Mann und Rosa Löffler ein Verhältnis haben sollen?«, fragte Strecker und beobachtete die Lenzenbäuerin genau.

Agnes wirkte einen Moment verwirrt. Ihr Blick ging erneut zu Emil, dessen Gesichtsausdruck undurchdringlich war, und zurück zum Oberwachtmeister, der auf eine Antwort wartete. Dann fing sie sich.

»Was die Leute immer so schwätzen. Nicht zum Aushalten«, sagte sie verächtlich.

»Haben Sie denn mitbekommen, dass Ihr Mann und die Magd ein Verhältnis haben?«

»Quatsch!« Agnes schüttelte energisch den Kopf. »Hören Sie auf mit dem Unsinn, ich bitte Sie.«

Sie sagte es dermaßen überzeugend, dass Strecker einen Moment ins Zweifeln geriet. Vielleicht war es doch alles nur Gerede. Es war für ihn kaum vorstellbar, dass die Bäuerin nicht mitbekommen haben sollte, wie gut sich Bauer und Magd verstanden – wenn es denn so war. Oder war Agnes Dold einfach nur eine gute Schauspielerin?

»Frau Dold«, fuhr der Gendarm fort, »nach Weißsonntag war Rosa Löffler krank, ist das richtig?«

»Ja, ja.« Agnes nickte heftig. »Sie lag, hm, drei Tage im Bett. Es ging ihr nicht gut, sie hatte solche Schmerzen, dass sie gar nicht aufstehen mochte. Ich habe ihr sogar das Essen in die Kammer gebracht.«

»Warum haben Sie denn dann nicht einen Arzt gerufen, wenn es der Magd so schlecht ging?«

»Das wollte ich ja«, erklärte Agnes, »unbedingt. Aber Rosa hat es rundweg abgelehnt. Übrigens nicht zum ersten Mal. Im Oktober war sie schon mal sehr krank gewesen und wollte überhaupt nicht, dass Doktor Allmann nach ihr sah. Dabei kam der zu der Zeit oft wegen mir vorbei, mir ging es da ja auch nicht gut.«

»Aha. Was hatte sie denn da?«

»Oh, da war es ihr so schlecht. Durchfall, der Magen. Sie konnte gar nichts bei sich behalten, war ganz hitzig. Das ging ein paar Tage.«

»Agnes, jetzt ist gut«, ging Emil dazwischen. »Du musst hier nicht jede Einzelheit wiedergeben.«

»Doch, doch, reden Sie ruhig weiter«, bat Strecker. »Das ist durchaus interessant.«

Agnes schaute ihren Mann verunsichert an, bevor sie antwortete. »Herr Oberwachtmeister, mehr kann ich Ihnen nicht sagen. Aber ich versichere Ihnen, wenn mein Mann und die Magd etwas miteinander gehabt hätten, hätte ich das doch gemerkt. Sie sehen ja, wie wir hier zusammenleben, in einem Haus. Da hört und sieht man alles.«

»Sicher, das glaube ich auch«, erwiderte Strecker. »Deswegen noch eine letzte Frage: Haben Sie mitbekommen, dass Ihre Magd schwanger war?«

Jetzt lachte Agnes übertrieben laut auf. »Was sagen Sie? Schwanger? Nein, das glaub ich nun wirklich nicht. Das hätten wir ja gesehen, so eine Schwangerschaft kann man doch nicht einfach verbergen.«

In diesem Moment fing Stefanie an zu quengeln, und Agnes wandte sich erleichtert ihrem Kind zu. »Ich kann Ihnen wirklich nichts weiter sagen, Herr Oberwachtmeister. Aber schwanger war die Rosa bestimmt nicht. Ganz ausgeschlossen.«

»Gut«, Strecker erhob sich, »dann danke ich Ihnen für das Gespräch.«

Es war seltsam. In der kleinen Arrestzelle fühlte sich Rosa eingehüllt und sicher. Die lärmende, sie fordernde Außenwelt war ausgesperrt. Es gab hier nur sie. Keine Arbeit, nichts zu tun. Nur Gedanken, die durch ihren Kopf schossen.

Nachdem die Tür ins Schloss gefallen war, stand Rosa erst einmal nur so da. Irgendwann setzte sie sich auf die harte hölzerne Pritsche und sah sich um. Ein winziges vergittertes Fenster ließ ein paar Sonnenstrahlen herein. In der Ecke stand ein Zinkeimer, daneben eine halbe Rolle Klopapier. Mehr gab es nicht in dem Raum, nicht einmal eine Decke, um die Pritsche etwas bequemer zu machen.

Rosa versuchte zu überlegen, was sie jetzt tun sollte. Es fiel ihr schwer.

Irgendwann würden die beiden Wachtmeister wiederkommen und mit ihr reden wollen. Sie musste sich eine gute Ausrede zurechtlegen. Sie würde wieder lügen müssen. Mit Emil hatte sie nach Irmas Kurzbesuch besprochen, dass sie sagen würde, dass sie mit irgendeinem dahergelaufenen Burschen eine kurze Affäre gehabt hatte. Offensichtlich hatte sie damit auf Strecker und Wunderle nicht besonders überzeugend gewirkt. Wie auch?

Seit jener Nacht im April fühlte sich Rosa stumpf und verzweifelt. Immer wieder sah sie sich selbst mit dem Bündel aus ihrer Kammer laufen. Immer wieder hörte sie das Weinen des kleinen Kindes, dem sie Leben geschenkt und es dann wieder genommen hatte. Dann hielt sie sich die Ohren zu, mit dem Ergebnis, dass das Weinen sogar lauter wurde. Es verfolgte sie auf Schritt und Tritt. Rosa hatte sich schuldig gemacht, und die Schuld lastete so schwer auf ihren Schultern, dass sie kurz vor dem Zusammenbruch stand. Mit niemandem konnte sie darüber sprechen, nicht mal mit dem Pfarrer. Emil hatte ihr das Beichten ja schon lange verboten. Tatsächlich konnte sie jetzt doch nicht einfach zugeben, dass sie eine Mörderin war. Sie musste lügen. Aber sie hatte keine Ahnung, wie sie das noch länger tun sollte. Das alles erdrückte sie.

Irgendwann verschwanden die Sonnenstrahlen aus der Zelle, und Rosa bekam Hunger und Durst. Sie fror. Einige Stunden mochten schon vergangen sein, ohne dass sie Geräusche vernommen oder jemand nach ihr geschaut hätte. Sie spitzte die Ohren. Nichts war zu hören. Rosa bekam es mit der Angst zu tun. Hatten die beiden Wachtmeister sie hier vergessen?

In der Zelle fing es schon an zu dämmern, als endlich jemand ins Haus trat. Rosa fing an, gegen die Tür zu hämmern.

»Hallo? Ist da jemand? Hallo?«

Bruno Strecker erschrak, als er in den Gendarmerieposten trat und Rosa gegen die Zellentür polterte. Hastig legte er das Essen, das er besorgt hatte, auf seinem Schreibtisch ab und lief zum Arrestraum.

»Fräulein Löffler? Entschuldigen Sie, es hat etwas länger gedauert, und der Kollege ist schon im Feierabend.« Er ließ die kleine Klappe in der Tür herunter und blickte in die Zelle. »Was gibt's?«

»Der Eimer.« Rosa zeigte mit dem Finger darauf. »Meine Notdurft. Ich möchte den Eimer leeren.«

Strecker überlegte einen Moment. Er hatte keine Lust, den Eimer zu leeren, wie er und Wunderle es sonst immer tun mussten. Gleichzeitig war er sich sicher, dass Rosa Löffler nicht den Versuch machen würde, ihm zu entwischen, also öffnete er die Zellentür.

Rosa nahm den Eimer hoch. »Wohin?«

»Kommen Sie.« Strecker führte sie zur Toilette. »Gehen Sie rein. Ich warte draußen.«

Rosa trat ein und schloss die Tür hinter sich. Irgendwann betätigte sie die Spülung und kam wieder zum Vorschein.

»Ein Wasserklosett. Bin ich nicht gewöhnt«, bemerkte sie.

»Möchten Sie etwas trinken? Haben Sie Durst?«, fragte Strecker.

Rosa nickte. »Gerne Wasser.«

»Ich habe auch etwas zu essen mitgebracht.« Strecker lächelte etwas verlegen, während er nachdachte. Er hatte Essen für zwei besorgt, nicht nur für die Magd, auch für sich selbst, denn er würde heute Nacht auf der klappbaren Notpritsche schlafen, sozusagen als Bewachung von Rosa.

»Kommen Sie doch mit in mein Büro, dort habe ich etwas zu essen, und wir können uns ein bisschen unterhalten.«

Es war gegen die Regeln, eine Person im Arrest aus der Zelle zu holen, wenn man allein auf dem Posten war, und ihr auch noch außerhalb des Sicherungsbereichs etwas zu essen anzubieten. Strecker hatte keine Ahnung, warum er das tat. Aber er war sich sicher, dass sie es nicht ausnutzen würde.

Auch Rosa schien das Angebot nicht zu erwarten.

»Gut«, sagte sie überrascht und folgte ihm.

Er trat in sein Büro ein, knipste das grelle Deckenlicht an und bedeutete ihr, sich zu setzen. Rosa nahm ihm gegenüber vor seinen Schreibtisch Platz. Bruno Strecker hatte Brot mitgebracht, ein Stück Käse, Schinken, Butter. Ein paar Kirschen, die unten im Tal schon reif waren. Er holte ein Brett und ein Messer und breitete alles aus. Dazu zwei Gläser und eine Flasche voll Wasser.

Wie selbstverständlich nahm Rosa das Messer und begann, das Brot in Scheiben zu schneiden. Strecker beobachtete sie gebannt, doch sie schien keine Pläne zu haben, das Messer irgendwie zu missbrauchen.

»Bitte.« Sie reichte ihm eine Scheibe Brot, die sie ungefragt mit Butter bestrichen und mit Schinken belegt hatte.

»Danke.«

Er biss hinein, während Rosa noch hastig ein Gebet murmelte. Dann schmierte sie sich selbst eine Scheibe mit Butter. Sie legte sich keinen Schinken aufs Brot. Strecker beobachtete sie, wie sie langsam und geduldig kaute. Sie hielt nach wie vor den Kopf gesenkt, aber wirkte nicht so verdruckst wie am Morgen.

»Es tut mir leid, dass Sie so lange warten mussten«, sagte er höflicher, als man es von einem Ordnungsmann erwarten würde. »Ich war noch einmal auf dem Lenzenhof.«

Rosa sah ihn erschreckt an.

»Die Lenzenbäuerin glaubt nicht, dass Sie schwanger waren. Oder dass Sie mit ihrem Mann eine Beziehung pflegten.«

Wieder senkte Rosa den Kopf. Stille trat ein, und Strecker schob sich den Rest seines Brotes in den Mund. Rosa schmierte dem Oberwachtmeister eine weitere Scheibe, goss beiden Wasser ein und biss von ihrem Brot ab.

Strecker lehnte sich in seinem Stuhl zurück und beobachtete die Magd.

»Wie sind Sie überhaupt zum Lenzenhof gekommen?«, fragte er nach einer Weile.

Rosa kaute ausführlich, bevor sie antwortete. »Der Altbauer und Emil waren dort ganz allein. Sie brauchten eine Frau auf dem Hof. Der Emil kam vorbei und hat meine Eltern gefragt, und es hat gleich gepasst. Ich war vorher Magd auf dem Beha-Hof.«

So viel am Stück hatte Strecker Rosa noch nie reden hören.

»Haben Sie Geschwister?«, fragte er weiter.

Rosa nickte. »Zehn.«

»So viele? Donnerwetter.«

»Es sind nur noch drei daheim. Der Jüngste ist erst zwölf. Zwei Brüder sind auf anderen Höfen als Knechte. Eine Schwester ist auch Magd wie ich. Die anderen sind verheiratet.«

»Wie leben Ihre Eltern?«

»Sie haben einen kleinen Hof. Nicht so groß wie der Lenzenhof. Mein Vater arbeitet daher nebenher in der Uhrenfabrik, damit das Geld reicht. Na, und wir Kinder haben auch schon früh angefangen zu arbeiten.«

Wieder herrschte Stille, Strecker wollte Rosa nicht mit zu vielen Fragen löchern. Er hatte das Gefühl, dass sie gerade etwas auftaute.

»Sie sprechen so anders«, stellte Rosa unvermittelt fest. »Sind Sie Flüchtling?«

Strecker wurde von dieser Frage unangenehm überrumpelt. »Ja, also … Vertriebener wohl eher. Ich komme aus Schlesien. Kattowitz, kennen Sie das?«

Rosa schüttelte den Kopf.

»Vor fünf Jahren mussten wir weg. So sind wir schlussendlich hier im Schwarzwald gelandet, nach einer langen Irrfahrt.«

»Haben Sie Kinder?«, fragte Rosa weiter.

Strecker stockte der Atem. Rosa hatte sanft durch seine Rüstung gestochen und seinen wunden Punkt getroffen.

»Drei Söhne«, antwortete er knapp. »Aber das tut nichts zur Sache.«

»Leben sie auch hier auf dem Wald?«

»Nein …« Strecker zögerte, wusste nicht, wie er sich ausdrücken sollte. »Nein, sie sind alle drei … im Krieg geblieben.«

Rosa sah ihm zum ersten Mal offen ins Gesicht. »Oh. Das tut mir leid.«

Strecker schluckte und erwiderte nichts. Er musste sich zusammenreißen, damit er nicht die Fassung verlor. Vor einer Verdächtigen, die er gar nicht aus der Zelle hätte holen dürfen, das wäre ja verrückt, ein Armutszeugnis. Das durfte ihm wirklich nicht passieren. Aber wann immer an der Erinnerung an seine Söhne, die er sorgfältig in seinem Herzen verschloss, gerüttelt wurde, überkam ihn eine urplötzliche Trauer.

»Wenn der Erste fällt«, sagte er langsam, »ist das schon schlimm. Dann kriegt man die Nachricht, dass der Zweite auch nicht mehr zurückkommt. Das ist …«

Er hatte keine Ahnung, warum er ausgerechnet der verhafteten Magd all das erzählte. Nicht einmal Karl Wunderle wusste von seinem Schicksal.

»Schließlich der Dritte. Nein, das hält man kaum aus. Das ist … grausam.« Strecker atmete schwer aus. »Das war alles furchtbar. Ist es immer noch. Und zu allem Übel verliert man dann auch noch die Heimat.«

Wieder schwiegen beide, und Strecker nutzte die Pause, um sich zu sammeln.

»Der Bruder vom Emil ist auch nicht zurückgekehrt«, erklärte Rosa nach einer Weile. »Der hätte eigentlich den Hof kriegen sollen. So gesehen war das ein Glück für Emil. Aber vielleicht hätte er sonst …« Sie brach ihre Gedankenspiele abrupt ab und entschied sich, nicht weiterzusprechen und wieder den Kopf zu senken.

Auch Strecker blieb stumm, und er hielt die Stille kaum aus.

»Was wäre denn dann gewesen?«, fragte er nach einer gefühlten Ewigkeit.

»Dann hätt' mich der Emil vielleicht wirklich geheiratet, wie er es immer gesagt hat.«

Jetzt war es heraus. An der Beziehung zwischen Bauer und Magd war also doch etwas dran. Strecker beugte sich vor.

»Und dann hat er es nicht getan.«

»Nein.« Rosa schüttelte den Kopf. Ihre Augen füllten sich mit Tränen.

»Warum nicht?«

»Ich weiß es nicht.« Die Magd wischte mit dem Handrücken die Tränen weg. »Er hat es mir nie erklärt. Auf einmal hieß es, er muss die Agnes heiraten, auch, als sein Vater schon gestorben war und Emil die Hochzeit eigentlich aufkündigen wollte.«

»Aber Sie verkehrten trotz der Heirat miteinander?«

»Erst nicht. Aber nach ein paar Monaten hat es wieder angefangen. Im Stall. Auf dem Heuboden.«

»Warum haben Sie das mitgemacht?«, fragte Strecker ehrlich erstaunt.

Aus Rosas Augen sprach der reine Trotz. »Weil ich ihn gern hab. Und er mich. Das ist was ganz Besonderes zwischen uns, verstehen Sie das? Der Emil liebt mich, nicht die Agnes.«

»Aber es gehört sich nicht«, stellte Bruno Strecker fest.

»Nein.« Rosa senkte wieder den Kopf und betrachtete ihre Finger, die unruhig miteinander spielten.

»Und irgendwann wurden Sie schwanger.«

»Aber nicht vom Emil. Nein. Das hab ich doch schon gesagt. Da war ein Bursche. Bei der Heuernte. Mit dem hab ich was gehabt. Aber nur einmal, dann war er weg.«

Die Worte deckten sich mit der Aussage vom Lenzenbauern, doch Strecker glaubte der jungen Frau nicht.

»Ein Hallodri war das«, ergänzte Rosa verächtlich.

Ein Hallodri. Genau so hatte Emil Dold den vermeintlichen Übeltäter auch beschrieben.

»Ich war vielleicht schwanger«, redete Rosa weiter. »Aber die Leibesfrucht ging dann ab. Ich bin mit dem Fahrrad zu meinen Eltern gefahren. Und danach hatte ich meine Regel wieder. Ich war also nicht wirklich schwanger. Das hatte ich doch schon gesagt.«

Bruno Strecker öffnete langsam die Schublade seines Schreibtisches und holte den weißen Gürtel hervor. Er faltete ihn dreimal und streckte ihn Rosa mit beiden Händen entgegen.

»Warum haben Sie so sehr auf Ihren Gürtel gebissen, dass man die Spuren heute noch sieht?«

Rosa starrte den Gürtel an. Sie schien nachzudenken. Irgendwann schüttelte sie den Kopf. »Das hab ich nicht gemacht.«

»Mussten Sie sich das Schreien verkneifen, weil es so wehtat?«, bohrte der Gendarm weiter.

»Nein.«

»Sie waren ganz allein«, stellte Strecker fest. »Niemand hat Ihnen geholfen, richtig?«

Rosa reagierte nicht, sondern starrte weiterhin auf den Gürtel.

»Sie haben Ihr Kind ganz allein geboren. Und weil es nicht sein durfte, durfte es auch nicht leben. Sie mussten ganz allein dafür sorgen, dass es verschwindet, hab ich recht?«

Rosas Augen füllten sich mit Tränen. Ihre Lippen zitterten.

»Nein«, sagte sie schwach.

»Oder hat Ihnen der Lenzenbauer dabei geholfen?«

Sie schüttelte den Kopf. Die Tränen liefen nun Rosas Wangen hinab, und sie begann zu schluchzen.

»Fräulein Löffler.« Strecker legte seine Hand auf Rosas Arm. »Was haben Sie mit Ihrem Kind gemacht?«

Rosa verbarg ihren Kopf in den Händen und weinte hemmungslos.

»Wo ist das Kind, Fräulein Löffler? Sagen Sie es mir, dann wird es Ihnen besser gehen.«

Strecker bildete sich ein, dass die Magd hinter ihren Händen etwas sagte. Er stand von seinem Stuhl auf, ging um den Schreibtisch herum und beugte sich zu Rosa herunter.

»Wo ist es?«, fragte er erneut.

Rosa murmelte etwas.

»Ich kann Sie nicht verstehen. Sie müssen deutlicher mit mir sprechen.«

Rosa nahm die Hände von ihrem tränenüberströmten Gesicht und schluchzte laut auf.

»Im Abort. Ich hab's in den Abort geworfen.«

Die schwere Tür fiel hinter Rosa ins Schloss, und Strecker drehte den Schlüssel zweimal um, doch das wäre gar nicht nötig gewesen. Diese Zelle war der richtige Ort für eine wie sie, dachte Rosa, die sich so am Leben eines anderen versündigt hatte. Sie wäre niemals wieder allein herausmarschiert, selbst wenn die Tür sperrangelweit aufgestanden hätte.

Sie breitete die Decke, die Strecker ihr noch gereicht hatte, auf der Holzpritsche aus und legte das Kissen ans Kopfende. Dann setzte sie sich an den Rand. In diesem Moment ging das Licht an der Zellendecke aus. Die Dunkelheit traf Rosa unvorbereitet wie ein Schlag. Sie legte sich hin und spürte das harte Holz unter sich.

In ihrem Kopf wirbelten die Gedanken durcheinander. Sie fühlte sich erleichtert, ganz, wie es der Gendarm ihr in Aussicht gestellt hatte. Wahrscheinlich wäre sie geplatzt, wenn sie noch länger hätte lügen müssen. Gleichzeitig schoben sich wieder die Bilder jener Nacht mit aller Gewalt vor ihre Augen. Das neugeborene Kind, das auf der alten unwürdigen Pferdedecke lag. Das Blut überall. Sie hörte das jämmerliche, dünne Weinen ihres Kindes, das sie, kaum dass es auf der Welt war, in die Abortgrube geworfen hatte. Sie hatte geglaubt, dass es schon tot war, nachdem sie ihm doch in ihrer Kammer mit aller Macht die Hand aufs Gesichtchen gedrückt hatte, auf das sie dazu noch die Strickjacke gelegt hatte. Doch in dem Moment, in dem Rosa die Tür zum Abort geöffnet hatte, begann das kleine Wesen wieder zu wimmern. Die Spannung kehrte in seinen Körper zurück, so, als wollte es unbedingt leben. Rosa erschrak. Mit zittrigen Fingern hatte sie den Deckel vom Sitzloch genommen und ihren Säugling ins Dunkle hinabgeworfen. Direkt in die

Hölle. Sie hörte den Aufprall, das Platschen in der Fäkaliengrube. Dann nichts mehr.

Jetzt in der Zelle holte Rosa das Weinen des Säuglings wieder ein. Unablässig wimmerte es in ihrem Kopf, bis sie sich die Ohren zuhielt. Es half nichts. Tränen strömten über ihr Gesicht, und es dauerte noch Stunden, bis sie in einen unruhigen Schlaf fiel.

*

Also doch der Abort. Ganz wie Herta Spiegelhalter es vermutet hatte. Als Bruno Strecker am nächsten Morgen mit Karl Wunderle Richtung Lenzenhof fuhr, schauderte es ihn. Ihm war schlecht, er war übermüdet.

Nachdem sich Rosa offenbart und danach beschrieben hatte, wie sie allein ihr Kind auf die Welt brachte und es entsorgte, hatte er sie wieder in ihre Zelle gebracht und noch schnell handschriftlich alles niedergeschrieben, was er an diesem Abend herausgefunden hatte. Danach hatte er sich auf seine Pritsche gelegt und vergeblich nach Schlaf gesucht. Um fünf Uhr war er aufgestanden und hatte angefangen, das Protokoll in die Schreibmaschine zu hämmern. Noch bevor Wachtmeister Wunderle um acht Uhr zum Dienst kam, war alles fertig geschrieben. Knapp berichtete der Oberwachtmeister seinem Kollegen vom Vorabend. Details wie das gemeinsame Abendbrot ließ er aus.

»Aber Herr Strecker«, wandte Wunderle ein, »Sie können doch nicht einfach allein eine Verdächtige aus der Zelle holen.«

»Ich weiß, aber es war erfolgreich, wie Sie sehen.« Strecker reichte ihm das Protokoll. »So, und jetzt warten wir noch auf Doktor Allmann, und danach sollten wir uns auf zum Lenzenhof machen.«

In diesem Moment klopfte der Arzt an der Bürotür, und Strecker führte ihn zur Arrestzelle. Rosa war bereits wach und saß auf ihrer Pritsche, die Decke lag sorgfältig zusammengelegt neben ihr. Angsterfüllt schaute sie Doktor Allmann an, während ihr Strecker erklärte, warum er ihn einbestellt hatte. Dann ließ er die Magd mit dem Doktor in der Zelle allein.

Zwanzig Minuten später hatte Strecker Gewissheit.

»Sie war ganz sicher schwanger«, erklärte Doktor Allmann, »und sie hat ein Kind entbunden, das ist deutlich erkennbar. Die frischen Narbenstriche am Bauch, ja, es kommt sogar etwas Milch aus der Brust, wenn man sie drückt. Dieser Eindruck wird sicherlich noch durch eine ausführliche gynäkologische Untersuchung durch einen Facharzt bestätigt werden können.«

»Also doch«, murmelte Strecker. »Doktor Allmann, vielen Dank. Sie waren eine große Hilfe. Kann ich mit einem schriftlichen Bericht rechnen?«

»Selbstverständlich. Gutes Gelingen bei der weiteren Aufklärung.« Der Arzt verabschiedete sich.

Strecker erhob sich schnell von seinem Stuhl und setzte seine Mütze auf. »Auf, Herr Wunderle, wir müssen sofort zum Lenzenhof fahren.«

Als die beiden Gendarmen dort ankamen, kam ihnen wie in den Tagen zuvor Emil Dold entgegen.

»Wo ist meine Magd?«, fragte er statt einer Begrüßung.

»Nach wie vor in Gewahrsam, Herr Dold«, erklärte

Strecker. »So, und jetzt möchten wir Ihre Abortgrube in Augenschein nehmen.«

Emil Dold schnaufte laut. »Was soll das bringen? Sie sind wohl verrückt geworden.«

»Ganz und gar nicht. Machen Sie sie einfach auf.«

Die Abortgrube lag nicht weit vom Stalleingang entfernt. Sie war mit starken Brettern zugedeckt, die zugleich den Gangboden zum Abort bildeten. Auf Anweisung von Bruno Strecker nahm Emil die Bretter hoch. Ein penetranter Geruch stieg auf, und die Gendarmen rümpften ihre Nasen.

Vor ihnen lag eine Grube, die etwa fünf Meter lang und anderthalb Meter breit war, gefüllt mit einer zähen Schlammmasse. Im linken vorderen Eck befand sich zum Ablaufen der Flüssigkeiten eine Röhre, deren Durchmesser Strecker auf etwa sieben Zentimeter schätzte.

Strecker und Wunderle starrten auf den Schlamm. Sie konnten nichts Auffälliges erkennen.

»Wann hast du die Grube zuletzt geleert?«, wollte Karl Wunderle wissen.

»Hm, das ist sicher sechs Wochen her«, meinte Emil. »Ja, direkt nach Ostern war's. Jetzt wird's wieder Zeit.«

Strecker griff nach einem Stock, der neben dem Aborthäuschen lehnte, und steckte ihn in die Grube, um die Höhe der Masse herauszufinden. Er schätzte sie auf zwanzig Zentimeter. Wäre da ein Kind oder anderer größerer Gegenstand drin, müsste man ihn eigentlich an einer Wölbung erkennen können. Ganz sicher konnte sich Strecker aber nicht sein. Er musste genauer hinschauen.

»Bringen Sie mir eine Mistgabel, Herr Dold«, wies Strecker den Lenzenbauern an.

Mit der Mistgabel fuhr Strecker systematisch durch die Masse, bis er jeden Winkel mit den vier Zinken durchkämmt hatte. Er hielt die Luft an, musste aufpassen, dass ihm nicht schlecht wurde. In dem Schlamm spürte er keinen Widerstand, und um auszuschließen, dass er einen Teil der Grube übersehen hatte, wiederholte er den Vorgang.

Nachdem Strecker ein zweites Mal mit der Mistgabel durch die Masse gefahren war, hatte sich diese zu einem Brei verflüssigt, der in Richtung Abflussröhre strebte. Strecker nahm wieder den Stock in die Hand und stieß ihn durch die Röhre. Auch hier konnte er keinerlei Widerstand oder Verstopfung feststellen.

»Nichts«, meinte er resigniert.

»Hab ich doch gesagt«, erklärte Emil. »Was suchen Sie überhaupt?«

»Ein Kind, Herr Dold. Ihre Magd hat ausgesagt, dass sie ein Kind geboren und hier in die Abortgrube geworfen hat. Was sagen Sie dazu?«

»So ein Quatsch. Das sag ich dazu«, erwiderte der Lenzenbauer unwirsch. »Sie sehen doch, dass hier nix ist.«

»Jetzt hör aber auf«, rief Karl Wunderle erregt aus. »Die Rosa wurde von Doktor Allmann untersucht, und da ist rausgekommen, dass sie ein Kind geboren hat. Du kannst uns wirklich nicht weismachen, dass du davon keine Ahnung gehabt hast.«

»Ist aber so. Ich weiß von nichts«, beharrte Emil. »Die Rosa war wie immer. Hat geschafft wie immer.«

»Das glaub ich gern«, brummte Bruno Strecker.

»Das hat meine Frau Ihnen doch auch bestätigt. Fragen Sie sie noch mal, wenn Sie wollen«, forderte Emil gereizt.

»Hier ist jedenfalls nichts.« Strecker drückte dem Bauern den Stock, mit dem er die Röhre durchstoßen hatte, in die Hand. »Aber wir kommen wieder. Verlassen Sie sich drauf.«

Der Oberwachtmeister war wütend. Wieso war in der Grube nichts zu finden? Hatte Rosa Löffler ihn angelogen? Hatte sie das Kind in Wirklichkeit ganz woanders entsorgt – oder war es der Bauer selbst gewesen?

»Sie hat es den Schweinen zum Fraß vorgeworfen, und jetzt ist es weg, ganz sicher«, meinte Karl Wunderle auf dem Rückweg im Auto. »Was soll der Bauer schon damit zu tun haben? Ich glaub ihm, dass er nichts weiß. Mit dem Abort wollte Rosa uns nur auf die falsche Spur lenken, diese hinterhältige …«

»Ach, seien Sie doch still«, schnauzte Strecker ihn an. »Das hätten Sie wohl gern, dass der Bauer unschuldig ist. Wo bleibt Ihre Objektivität, hä? Warum sollte mich die Löffler gestern Abend angelogen haben?« Er schüttelte den Kopf. »Nein, sie war so verzweifelt, das glaub ich nicht, dass sie sich das ausgedacht hat.«

»Wo bleibt denn Ihre Objektivität?«, fragte Wunderle beleidigt zurück. »Sie wollen ja geradezu, dass der Bauer der Täter ist. Zumindest Mittäter. Aber eines ist doch klar: Das Kind hat er bestimmt nicht auf die Welt gebracht, also muss ja die Magd diejenige welche sein, oder etwa nicht?«

»Nie im Leben hat die Löffler gestern Abend gelogen«, war sich Strecker sicher. »Die ist gar nicht schlau genug, um sich so etwas Kompliziertes auszudenken.«

Kaum hatten die beiden Gendarmen ihren Posten

erreicht, eilte Strecker zu den Arrestzellen und führte Rosa in sein Büro.

»Kein Kind im Abort«, herrschte er sie an, während Rosa erschreckt zurückwich.

»Ich lüge nicht«, entgegnete sie zitternd.

»Dann muss es doch jemand entfernt haben. Wer denn? Das kann doch nur der Bauer gewesen sein. Oder Sie!«

Rosa zuckte mit den Achseln. »Weiß ich nicht.«

»Weiß sie nicht«, tippte Karl Wunderle laut mit zwei Fingern in die Schreibmaschine.

»Fräulein Löffler!« Bruno Strecker kriegte sich kaum noch ein. Erregt lief er im Zimmer auf und ab. »Warum decken Sie ihn? Sie sind eh dran, verstehen Sie? Ihre Liebesgeschichte, wenn es denn überhaupt eine war, ist vorbei. Sagen Sie einfach die Wahrheit, um es nicht noch schlimmer zu machen, als es schon ist. Sie wollen uns doch nicht alles Ernstes noch länger weismachen, dass der Bauer nicht der Vater Ihres Kindes ist!«

Rosa schluckte und die Tränen liefen ihr wieder die Wangen hinab. »Vielleicht … hat er es rausgeholt. Aber ich weiß es nicht.«

»Hat er denn mal die Grube geleert? Das müssen Sie doch mitbekommen haben.«

»Nein. Er hat sie nicht geleert.«

In diesem Moment klopfte es, und ohne eine Antwort abzuwarten, steckte der Postbote Werner Dreieich seinen Kopf durch die Tür.

»Entschuldigen Sie. Draußen ist keiner, da dachte ich …«

»Raus!«, brüllte Strecker. »Warten Sie draußen, in Gottes Namen.«

Hastig schloss Dreieich wieder die Tür.

»Bin gleich zurück.« Strecker ging hinaus auf den Flur, wo Dreieich eingeschüchtert stand.

»Ich hab nichts gesehen«, erklärte der Postbote vorauseilend.

»Das will ich hoffen. Sagen Sie mal, Herr Dreieich, wenn Sie jeden Tag bei den Höfen vorbeikommen, ist Ihnen da vielleicht mal etwas Ungewöhnliches am Lenzenhof aufgefallen?«

Werner Dreieich legte den Finger auf seinen Mund und schien nachzudenken, denn er sah sehr konzentriert aus.

»Ich weiß nicht«, antwortete er schließlich zögerlich. »Ich halte an den Höfen nur an, wenn es Post für die Leute gibt. Das ist ja nicht immer der Fall. Aber vor ein paar Tagen – noch nicht lange her, letzte Woche war's –, da waren der Emil und die Rosa draußen beim Mistfahren. Ich hatte zwei Briefe dabei. Und hab mich schon gewundert, dass die schon wieder Mist fahren. Der Bauer wollte überhaupt nicht schwätzen, hat mich gleich zur Agnes geschickt. Übellaunig war er, das ist er ja manchmal. Aber die Rosa – die hatte auch schlechte Laune, die war ganz komisch. Ich mein', normalerweise ist die ja immer so fröhlich und lacht einen an, gell. Aber an diesem Tag hat sie überhaupt nicht gelacht und nicht geguckt. Nicht mal umgedreht hat sie sich.« Dreieich machte eine Pause, bevor er weitersprach. »Also, so im Nachhinein … Ich glaub, der Emil wollte, dass ich ganz schnell verschwind'. Aber warum wollen Sie das denn wissen?«

»Das geht Sie nichts an«, erwiderte Strecker, der nach wie vor gereizt war. »Vielen Dank, Sie können gehen.«

Dreieich nickte beflissen. »Sofort. Aber ich habe ich hier noch wichtige Post für Sie. Express aus Freiburg.« Er streckte dem Gendarmen einen dicken Briefumschlag entgegen.

Strecker griff zu. »Danke. Ach, Herr Dreieich …«

Dieser drehte sich noch einmal um. »Ja?«

»Ich verlasse mich auf Sie. Schweigen ist Gold, Sie verstehen schon.«

Dreieich tippte an seine Mütze. »Selbstverständlich, Herr Oberwachtmeister, selbstverständlich. Auf Wiedersehen.«

Strecker wartete, bis der Postbote das Gebäude endgültig verlassen hatte. Dann riss er den Briefumschlag auf.

Es war der Bericht des Rechtsmedizinischen Instituts aus Freiburg. Sowohl an der Schere als auch an der Strickjacke habe man menschliche Blutreste finden können. Strecker ließ den Brief sinken, atmete tief durch und ging zurück in sein Büro.

»Wo waren wir?«, fragte er kontrolliert, als er sich auf den Stuhl hinter seinem Schreibtisch setzte.

»Abortgrube«, erklärte Karl Wunderle knapp.

»Ja, richtig. Fräulein Löffler, so kommen wir nicht weiter. In der Abortgrube haben wir nichts gefunden. Kann es sein, dass Sie Ihr Kind ganz woanders hin verbracht haben?«

»Nein.« Rosa schüttelte heftig den Kopf.

»Was war denn vor Kurzem, als Sie mit dem Bauern draußen waren und der Postbote kam? Was haben Sie da gemacht?«

»Wir haben Mist gefahren. Wie immer.«

»Waren Sie damit nicht schon längst durch?«, hakte Strecker nach.

»Nein.«

Strecker schlug unvermittelt mit der Faust auf den Tisch, dass Rosa zusammenzuckte. »Nein, nein, nein. Herrgott, jetzt geben Sie es schon zu!«

»Ich weiß es nicht«, beharrte Rosa.

»Haben Sie dem Bauern irgendwann einmal erzählt, dass Sie das Kind in die Abortgrube geworfen hatten?«

Rosa stockte und überlegte. Quälend lange Minuten sagte sie gar nichts. Strecker dachte, er würde gleich explodieren. Wunderle schaute von seiner Schreibmaschine auf.

»Sag schon, Rosa«, forderte er sie auf. »Es hat doch keinen Sinn.«

Doch Rosa blieb stumm.

»Ich frag noch mal anders«, sagte Strecker kopfschüttelnd. »Sie wussten, dass Emil Dold zu Maria Wöhrle gegangen ist, damit diese angeblich keine weiteren Gerüchte in die Welt setzt. Stimmt das?«

»Ja«, antwortete Rosa. »Ich hab auch gesagt, er soll die Leut' schwätzen lassen.«

»Wussten Sie, dass Maria Wöhrle nach ein paar Tagen zur Gendarmerie gekommen ist? Sie verlangt, dass Sie ein ärztliches Zeugnis vorlegen, dass Sie nicht schwanger waren, denn sie fühlt sich zu Unrecht diskreditiert.«

»Nein, das mit dem Zeugnis wusste ich nicht.«

»Aber dass Maria Wöhrle hierher zu uns kam, das schon?«, fragte Strecker weiter.

»Ja.«

»Woher? Herrgott, lassen Sie sich doch nicht alles aus der Nase ziehen!«

»Meine Schwester Irma kam und hat es mir erzählt.«

Strecker kam näher an Rosas Stuhl heran und beugte sich zu ihr vor. »Und das war nicht zufällig der Tag, an dem Sie danach noch Mist fuhren?«

Rosa zögerte. »Doch«, sagte sie schließlich.

»Sie haben es Emil Dold erzählt?«

»Ja.«

»Weil er der Vater des Kindes ist.«

Rosa nickte langsam.

»Und dann? Was war dann?«

»Ich hab auf dem Rübenacker gearbeitet und hab nicht geschaut. Ich wollte das nicht sehen.« Rosa sprach leise und monoton, den Kopf gesenkt. »Emil war an der Abortgrube. Und dann kam er mit dem Mistwagen und hat ein Loch gegraben. Auf der anderen Seite vom Wagen. An der Grenze zur Wiese. Schau nicht hin, hat er gesagt. Und ich schwör' bei Gott, ich hab wirklich nicht geschaut, was er da gemacht hat. Der Wagen war ja davor, und ich hab sowieso in die andere Richtung geguckt. Danach kam er zu mir und war ganz lieb. Jetzt ist es vorbei, hat er gemeint, jetzt ist das alles vorbei. Ich solle mir keine Sorgen mehr machen. Jetzt ist es wieder so wie früher.«

Die Stille im Raum wurde irgendwann von den Schreibmaschinentasten durchbrochen. Strecker räusperte sich.

»Das heißt, das von Ihnen in den Abort geworfene Kind liegt jetzt irgendwo im Rübenacker.«

Rosa sackte immer mehr zusammen, die Gendarmen konnten kaum erkennen, dass sie nickte.

»Ja.«

»Gut.« Strecker atmete tief durch. »Dann bringen wir Sie jetzt in Ihre Zelle und fahren zum Lenzenhof.« Er erhob sich.

»Herr Oberwachtmeister?« Rosa sah ihn flehend an. »Können Sie meinen Eltern Bescheid geben? Und könnten Sie meine Mutter bitten, mich zu besuchen? Darf sie mich besuchen? Ich möchte gerne mit ihr sprechen. Bitte.«

Strecker wusste nicht, warum er so viel Mitleid mit der jungen Frau hatte, die immerhin eine Kindstötung gestanden hatte. Eigentlich stand ihr kein Besuch zu, man würde sie jetzt schnellstmöglich nach Freiburg bringen und mit ihr bei der Staatsanwaltschaft vorstellig werden. Wunderle warf ihm deshalb einen warnenden Blick zu, den Strecker geflissentlich ignorierte.

»In Ordnung«, sagte er. »Wir kümmern uns. Wir müssen sowieso mit Ihren Eltern sprechen.«

»Danke.« Widerstandslos stand Rosa auf und ließ sich in der Zelle einschließen.

»Sie schon wieder.« Emil Dold schaute den Gendarmen offen feindselig entgegen. Er stand gemeinsam mit seiner Frau vor der Haustür und wartete ab, bis Strecker und Wunderle dort angekommen waren und gegrüßt hatten.

»Agnes, geh zurück ins Haus«, sagte Emil streng, und seine Frau fügte sich wortlos.

»Also, was gibt's jetzt schon wieder?«, fragte er dann scheinbar unbeteiligt.

»Wir haben ein Geständnis, Herr Dold«, erklärte Bruno Strecker.

Für einen kurzen Augenblick entglitt Emil die Kontrolle über seine Gesichtszüge, was der Gendarm sehr aufmerksam wahrnahm.

»Was für ein Geständnis?«, wollte der Bauer wissen.

»Wo ist das Kind, Emil?«, fragte Karl Wunderle zurück. »Die Rosa hat gestanden, dass ihr es vergraben habt. Dass du es warst, um genau zu sein. Im Rübenacker.«

»Hab ich nicht gemacht«, stritt Emil ab. »Wenn die Rosa wirklich ein Kind geboren und weggeworfen hat, dann hab ich davon nichts mitbekommen. Und meine Frau auch nicht.«

»Hören Sie doch auf, zeigen Sie uns lieber, wo die Leiche liegt«, herrschte Strecker ihn an.

Er hatte keine Lust mehr, dass nach Rosa nun auch der Lenzenbauer stundenlang um den heißen Brei herumredete. Für die Gendarmen war der Fall klar, sie wollten nur noch den verscharrten Säugling bergen. Doch Emil zeigte sich nach wie vor uneinsichtig.

Bruno Strecker, der den ganzen Tag schon angespannt war, riss endgültig der Geduldsfaden. »Es reicht mir jetzt, Herr Dold«, erklärte er. »Dann müssen wir halt alles umgraben, bis wir etwas gefunden haben. Aber ich warte nicht länger. Ich nehme Sie hiermit fest wegen des Verdachts der Tatbeteiligung an einer Kindstötung und der Verbringung der Leiche.«

Strecker griff nach seinen Handschellen, weil er sich nicht sicher war, ob der Bauer folgen würde, und unter den erstaunten Blicken von Agnes Dold, die aus dem Haus trat, führten er und sein Kollege Emil ab.

»Was machen Sie mit ihm?«, fragte Agnes entsetzt.

»Ich bin nachher wieder zurück«, rief Emil seiner Frau zu. »Mach dir keine Sorgen.«

Auch auf dem Gendarmerieposten gab sich Emil Dold störrisch und uneinsichtig. Er saß Strecker in dessen Büro gegenüber, Karl Wunderle hatte wie gewohnt an der Schreibmaschine Platz genommen.

»Hören Sie, ein für alle Mal: Ich weiß nicht, dass die Rosa Löffler ein Kind geboren und es nach der Geburt getötet hat. Schreib auf«, wandte sich Emil direkt an Karl Wunderle. »Schreib: Ich habe weder eine Kindsleiche in die Abortgrube geworfen noch irgendwo in der Wiese oder auf den Feldern unterhalb meines Anwesens vergraben. Ich war auch der Löffler nicht beim Vergraben einer Kindsleiche behilflich. So.« Emil Dold lehnte sich auf seinem Stuhl zurück. »Ich nehme an, dass die Sache ihren richtigen Weg nehmen wird und dass mich an dieser Sache keine Schuld trifft. Denn wenn die Löffler ein Kind geboren hat, dann wird sie es wohl allein beseitigt haben. Ich weiß von dieser Sache nichts. Ich bin auch sicher nicht der Vater, wenn es denn so wäre. Wie ich schon gesagt hatte. Also lassen Sie mich jetzt wieder gehen, denn ich habe einen Hof zu versorgen.«

»So einfach ist das nicht«, erklärte Bruno Strecker. »Wir bringen Sie jetzt in Ihre Zelle, und dann fahren wir zu Ihrem Hof und werden alles umgraben. Es geht schneller und richtet weniger Schaden an, wenn Sie uns sagen, wo wir anfangen sollen.«

Emil Dold schwieg.

»Gut, dann hier entlang.« Strecker machte eine entsprechende Handbewegung und brachte Emil Dold in die zweite Arrestzelle des kleinen Gendarmeriepostens. Sie waren noch nie beide gleichzeitig besetzt gewesen, jedenfalls nicht, seit Strecker hier arbeitete. Jetzt waren die Magd und ihr Dienstherr und mutmaßlicher Mittäter direkt nebeneinander untergebracht. Strecker hoffte, dass die Wände dick genug waren, um eine Kontaktaufnahme zwischen den beiden unmöglich zu machen.

Als er den Schlüssel umgedreht hatte und ins Büro zurückgekehrt war, beendete Karl Wunderle gerade das Protokoll.

»Machen wir Schluss für heute«, erklärte Strecker. »Ich bin absolut gerädert. Sie übernehmen die Nachtschicht, und morgen früh treffen wir uns wieder und suchen das verdammte Kind auf dem Lenzenhof.«

Rosa hörte Stimmen, von denen sie glaubte, dass sie ihr bekannt waren. Neben ihr wurde die Arrestzelle belegt. Als die dortige Tür ins Schloss fiel, zuckte sie zusammen. Eine Stunde später wurde die kleine Klappe an ihrer Zellentür geöffnet, und Karl Wunderle steckte seinen Kopf hinein.

»Alles in Ordnung, Rosa?«, fragte er. »Brauchst du etwas?«

»Ich habe kein Wasser mehr zum Trinken«, antwortete Rosa.

»Ich bring dir gleich was. Auch was zu essen.« Karl Wunderle zog den Kopf zurück und wollte die Klappe wieder schließen.

»Karl?«

»Ja?«

»Wer ist nebenan?«

»Darf ich dir nicht sagen.«

»Ist es der Emil?«

»Hörst du schlecht? Ich werde es dir nicht sagen.«

Der Wachtmeister schloss die Klappe, und Rosa hörte, wie sich seine Schritte entfernten. Sie war sich sicher, dass neben ihr Emil eingesperrt worden war. Es tröstete sie in vielerlei Hinsicht. Sie war nicht mehr die Einzige im Arresttrakt der Gendarmerie. Die beiden Gendarmen sahen offensichtlich nicht nur sie als Schuldige an. Und zu guter Letzt konnte sie Emil zwar weder hören noch sehen, aber allein zu wissen, dass er in ihrer Nähe war, beruhigte sie. Rosa legte ihre Hand auf die Wand, die Richtung Nachbarzelle ging. Die Wand fühlte sich kalt an, doch Rosa war überzeugt, so eine Verbindung zu Emil aufzubauen. Er war da, sie war nicht allein. Diese Sache mussten sie gemeinsam durchstehen, und das würden sie. Das war das Wichtigste.

*

Am nächsten Morgen kehrten Bruno Strecker und Karl Wunderle mit Schaufeln zum Lenzenhof zurück. Diesmal wurden sie nicht empfangen, stattdessen klopften sie gegen die Haustür und warteten. Drinnen hörte man die kleine Stefanie schreien. Schließlich öffnete Agnes. Sie sah übermüdet aus, ihre Haare waren ungeordnet, ihr Blick unruhig, während sie ihre Tochter auf dem Arm hielt und versuchte, sie zu beruhigen.

»Was möchten Sie? Wo ist mein Mann?«

»Guten Morgen«, grüßte Bruno Strecker. »Ihr Mann ist nach wie vor bei uns in Gewahrsam. Wir müssen auf dem Acker graben.«

»Was suchen Sie denn?«, fragte Agnes verzweifelt. »Bitte lassen Sie meinen Mann frei. Und Rosa. Ich allein kann den Hof nicht versorgen. Ich schaff's nicht: meine Tochter, Sie sehen sie ja, und dann das Vieh füttern, die Kühe melken. Das übersteigt meine Kräfte. Ich habe keinerlei Hilfe.«

»Wir suchen das Kind, das Rosa Löffler geboren und das Ihr Mann mutmaßlich vergraben hat.«

Agnes blieb schier der Mund offenstehen. »Das ist doch Blödsinn«, erwiderte sie schwach.

»Nun, wir glauben nicht, dass es Blödsinn ist«, erwiderte Strecker. »Wo finden wir den Rübenacker?«

Die Lenzenbäuerin zeigte auf das Feld neben der Straße. »Dort hinten.«

Rosa hatte gesagt, dass Emil Dold das Kind an der Grenze zur Wiese vergraben habe. »Ungefähr in der Mitte«, hatte sie später noch ergänzt. Die beiden Männer liefen genau am Rand entlang und versuchten, Auffälligkeiten im Boden zu entdecken. Sie starteten mehrere Anläufe, bis sie nach zwei Stunden in dreißig Zentimetern Tiefe schließlich fündig wurden.

Karl Wunderle leistete ganze Arbeit, während Bruno Strecker sich abwandte, weil ihm schlecht wurde. Er holte die eigens mitgebrachte Kiste aus ihrem Dienstwagen, in die Wunderle den toten Kindskörper vorsichtig hineinlegte und grob von Erde befreite. Strecker schloss den Deckel, und beide Männer richteten sich auf und sprachen ein kurzes Gebet. Dann trugen sie die Kiste schweigend zum Auto und kehrten noch einmal zum Haus zurück.

In der Stube bewegte Agnes Dold ruckartig die Wiege hin und her, in der Stefanie jetzt friedlich schlief. Ausdruckslos starrte sie die beiden Gendarmen an, während diese ihr von dem Fund auf dem Acker berichteten.

»Ich kann mich nur wiederholen«, erklärte Agnes. »Ich habe nicht mitbekommen, dass mein Mann und die Magd ein regelrechtes Verhältnis hatten. Oder dass die Rosa schwanger war. Ich kann es mir nicht vorstellen. Ich glaube es auch nach wie vor nicht, nein.«

»Es scheint aber so zu sein«, entgegnete Strecker.

»Hat er das zugegeben?«

»Noch nicht.«

»Sehen Sie. Weil es nicht stimmt. Ich vertraue meinem Mann. Er ist ein guter Mann.«

»Rosa hat es zugegeben«, erklärte Strecker. »Ist Ihnen denn nicht aufgefallen, dass Ihre Magd an Leibesumfang zugenommen hat?«

Agnes stockte. »Nun ja«, antwortete sie zögerlich, »um die Taufe herum war sie schon etwas dicker. Aber sie hat gearbeitet wie immer. Ich war selbst schwanger, und ich kann mir nicht vorstellen, wie sie das schwanger alles hätte schaffen sollen, was sie gemacht hat. Die Rosa hat geschafft wie immer.« Agnes machte eine Pause. »Und nach einer Geburt … Da fängt man doch nicht drei Tage später wieder mit dem Arbeiten an, also nein, wirklich nicht.«

»Frau Dold, bevor Rosa Löffler drei Tage darniederlag, war da etwas komisch, anders als sonst? Konkret meine ich die Nacht vom 27. auf den 28. April. War Ihr Mann da anders?«

Die Lenzenbäuerin überlegte. »Er hat tatsächlich eine Nacht nicht bei mir in der Kammer geschlafen. Vielleicht war es jene Nacht, das kann ich nicht mit

Bestimmtheit sagen. Die Stefanie war in der Zeit so unruhig, da war an Schlaf für ihn nicht zu denken. Außerdem ging es einer Kuh nicht gut, er musste regelmäßig in der Nacht nach ihr schauen. Ich war froh, wissen Sie, es ist anstrengend für mich, wenn unsere Tochter nachts weint und ihren Vater aufweckt. Aber ich weiß bestimmt nichts davon, dass mein Mann in der Geburtsnacht bei der Rosa in der Kammer gewesen war und ihr geholfen hat. Ich habe auch nichts gehört, keine Geräusche oder dergleichen.«

»Hat er Ihnen verboten, darüber zu sprechen, und deshalb wollen Sie einfach nicht mit uns reden?«, fragte Strecker.

»Nein, was denken Sie von ihm? Natürlich hat er es mir nicht verboten.«

»Wie kann es sein, dass du in jener Nacht nichts gehört haben willst, Agnes?«, fragte Karl Wunderle.

»Ich habe wirklich nichts gehört. Und ich weiß bestimmt nichts davon, sonst hätte ich es doch schon längst gesagt«, verteidigte sich Agnes und klang dabei hilflos. »Ich bleibe dabei, ich glaube all das nicht. Schon gar nicht, dass mein Mann das Kind von der Rosa unten im Rübenacker vergraben haben soll. Eine solche Schandtat traue ich ihm nicht zu, wirklich nicht.« Die Lenzenbäuerin schüttelte heftig den Kopf. »Nein, nein, mein Mann und ich, wir haben seit unserer Verheiratung immer gut miteinander gelebt. Das können Sie jeden fragen. Er war immer gut und freundlich zu mir. In den Tagen nach meiner Niederkunft war er mir bei allen Arbeiten behilflich. Wenn, dann hat die Rosa ihn dazu angestiftet. Ihn verführt.

Aber das ist Unsinn. Mehr kann ich zu dieser Sache nicht sagen.«

Karl Wunderle ließ seinen Kollegen vor dem Gendarmerieposten aussteigen und fuhr mit der Kindsleiche im Kofferraum direkt weiter nach Freiburg zum Pathologischen Institut und danach zur Staatsanwaltschaft. Bruno Strecker kehrte in sein Büro zurück und musste erst einmal durchschnaufen. Minutenlang starrte er aus dem Fenster und versuchte, sich zu sammeln. Für ihn gab es keinen Zweifel mehr – dass Rosa Löffler ihr Kind allein gebären musste und es in ihrer Not in den Abort warf, war für ihn glasklar. Dass Emil Dold vor wenigen Tagen die Leiche aus der Abortgrube geholt und vergraben hatte, auch daran hatte Strecker nicht den geringsten Zweifel. Der Bauer musste nur noch gestehen, und mit den neuen Fakten sollte es ein Leichtes sein, die Wahrheit aus ihm herauszubekommen.

Bruno Strecker konnte also fürs Erste zufrieden sein. Doch er fühlte sich schlecht. Ihm ging der Anblick des toten Säuglings nicht aus dem Kopf. Die Erde, die ihn bedeckte. Ein totes Kind war für Strecker das Schrecklichste überhaupt. Er musste an seine eigenen Söhne denken, wie er sie als Neugeborene mit einem großen Glücksgefühl zum ersten Mal in seinen Armen gehalten hatte und wie er nun nur noch vor ihren Fotos stehen konnte. Ein Grab gab es für keinen der drei, und Bruno Strecker konnte nur hoffen, dass sie dort, wo sie an der Front umgekommen waren, noch halbwegs anständig beerdigt worden waren. Er dachte daran, wie selig und aufmerksam seine Frau auf jedes einzelne ihrer

Kinder nach der Geburt reagiert hatte. Wie traurig und verzweifelt sie jetzt war. Was war nur in Rosa Löfflers Kopf los gewesen, als sie direkt nach der Entbindung den kleinen, unschuldigen Säugling wegwarf? Nein, er mochte es sich gar nicht weiter ausmalen.

Seine Gedanken wurden jäh durch ein Klopfen an der Tür beendet. Nachdem Strecker sich wieder aufrecht hingesetzt und »Herein« gerufen hatte, steckte eine Frau ihren Kopf durch den Türspalt.

»Entschuldigen Sie. Ich möchte zu Rosa. Rosa Löffler. Ich bin ihre Mutter.«

»Frau Löffler.« Strecker stand auf und kam ihr entgegen. »Bitte nehmen Sie Platz.«

Martha Löffler fühlte sich sichtlich unwohl. Sie kramte in ihrer Tasche und förderte ein Tuch zutage, mit dem sie sich die Augen trockenwischte. Strecker beobachtete sie. Er schätzte sie auf Mitte fünfzig. Man sah ihr an, dass sie kein leichtes Leben geführt hatte. Sie war komplett ergraut und ihr Körper wirkte unförmig. Beim Blick in ihr Gesicht entdeckte er Ähnlichkeiten mit der jungen Rosa.

»Es ist gut, dass Sie kommen. Wir wollten sowieso mit Ihnen sprechen. Woher wissen Sie, dass Ihre Tochter bei uns ist?«, fragte er.

Martha Löffler atmete schwer. »Nun, die Gerüchteküche kocht über. Da wollte ich mich vergewissern, ob es stimmt, was die Leute für einen Unsinn reden.«

»Ich weiß nicht, was die Leute reden«, bemerkte Strecker. »Aber Ihre Tochter hat zugegeben, ihr neugeborenes Kind in den Abort geworfen und somit getötet zu haben. Deswegen wurde sie festgenommen.«

Martha Löffler starrte ihn entgeistert an. »Was sagen Sie? Meine Tochter – eine Mörderin?«

Es dauerte eine Weile, bis sie die Tragweite dessen begriff, was der Gendarm ihr gerade mitgeteilt hatte. Dann legte sie los: »Ha, das glaubt doch keiner. Das glaub ich nie im Leben. Die Rosa, die war ganz bestimmt nicht schwanger. Das hätt' ich doch gemerkt. Ich hab ja selber elf Kinder geboren. Die Rosa war die sechste. Glauben Sie nicht, dass man dann weiß, wie das mit so einer Schwangerschaft ist? Als Frau. Als Mutter … Das spürt man doch!«

»Tja«, entgegnete Strecker, »dann frage ich mich, warum Sie nichts wahrgenommen haben wollen. Immerhin war Rosa doch hin und wieder bei Ihnen zu Hause, oder nicht?«

»Also, ich hab nix gesehen, nein.« Martha Löffler schüttelte entschlossen den Kopf. »Wir alle, mein Mann, die Geschwister, wir haben nix gesehen oder gemerkt. Gut, ein bissel zugenommen hat sie vielleicht, aber die Rosa war schon immer eher kräftig, da fällt das nun wirklich nicht auf. Es gibt halt auch immer reichlich zu essen auf dem Hof, gell, das hat sie uns selbst verzählt. Sie war fröhlich wie immer das letzte Mal, da hat man nix gemerkt. Die ganze Zeit war sie immer so ein fröhliches Maidle.« Rosas Mutter hielt inne. »Was genau ist denn geschehen?«

Bruno Strecker berichtete ihr den aktuellen Stand. Dass alles darauf hindeutete, dass Rosa allein auf dem Fußboden ihrer Kammer entbunden hatte, sie das Kind in den Abort warf und es dort wieder herausgeholt und im Rübenacker vergraben wurde. Dass Rosa die Spuren der Geburt beseitigt hatte. Dass die Leiche nun auf dem

Weg nach Freiburg war. Dass man Emil Dold der Mittäterschaft beschuldigte. Martha Löfflers Augen wurden immer größer, und sie hörte gar nicht mehr auf, resolut den Kopf zu schütteln.

»Das kann nicht sein, ganz bestimmt nicht! Nein. Sie als Mann können das ja nicht wissen, aber ich sag's Ihnen jetzt mal als Frau, als Mutter. Wenn Sie ein Kind auf die Welt bringen, ha, da gehen Sie erst mal nirgendwohin. Da putzen Sie keinen Kammerboden. Das kriegt man nicht hin, niemals. Nein, da wollen Sie nur liegen und nix mehr machen nach so einer Geburt. Allein deswegen stimmt das nicht, was Sie da sagen.« Sie beugte sich vor. »Wer soll überhaupt der Vater sein?«

»Das wissen Sie doch längst, was sich die Leute diesbezüglich so erzählen«, entgegnete Strecker.

»Was die Leute sich so erzählen!«, wiederholte Martha Löffler entrüstet. »Sie meinen, es stimmt, dass die Rosa ein Verhältnis mit dem Lenzenbauern haben soll?«

»Ganz genau«, nickte Strecker.

»Ach was, das ist Unsinn.« Rosas Mutter lehnte sich wieder zurück. »Sie kamen gut miteinander aus, das schon. Aber nein, ich kann mir das wirklich nicht vorstellen, was Sie da behaupten. Unsere Tochter war immer sittsam und brav. Fragen Sie den Beha-Bauern. Dort war sie auch schon als Magd, und es gab nie Probleme. Nie. Die Rosa hat einen guten Leumund. Die fängt doch nix mit ihrem Kostgeber an. Die bringt doch kein Kind um! Wir sind gute, ehrliche Leute. Da können Sie mir verzählen, was Sie wollen.«

»Es sieht aber ganz danach aus. Emil Dold hat wohl auch die Leiche vergraben.«

»Wissen Sie, die Leute haben auch geredet, wir hätten die Rosa nur zum Lenzenbauern gegeben, weil er noch nicht verheiratet und angeblich eine gute Partie gewesen war. Aber das ist Unsinn. Wir haben lange überlegt, ob wir das überhaupt machen sollten, dass die Rosa zu zwei Männern auf den Hof geht. Das haben wir gemacht, weil unsere Rosa ein gutes Maidle ist und man sich auf sie verlassen kann. Und weil der Emil zu uns kam und uns vorgejammert hatte, dass es auf dem Lenzenhof drunter und drüber ging, weil nach dem Abgang seiner Schwester keine Frau mehr da war, um den Haushalt zu führen. Geradezu gebettelt hat er, dass die Rosa zu ihm kommt. Da haben wir halt zugestimmt nach reiflicher Überlegung. Aber dass wir dachten, die beiden heiraten mal – nein, nie im Leben. Das ist eine Unterstellung. Aber sie kennen ja die Leut', Hauptsache, sie haben was zum Schwätzen, gell.«

»Und Sie haben wirklich nie gedacht, dass Ihre Tochter schwanger gewesen sein könnte?«, fragte Strecker weiter.

Martha Löffler zögerte. »Na ja, wenn ich jetzt drüber nachdenk', war sie vielleicht … Vielleicht nicht mehr ganz so fröhlich wie sonst. Ein bissel zurückhaltend vielleicht. Aber deswegen muss man als Mutter doch nicht denken, dass die Tochter unehelich schwanger ist. Hören Sie, die Rosa war immer brav und fleißig. Sie weiß doch, was sich gehört und was nicht. Wenn sie wirklich so etwas getan hat, wie Sie es behaupten, dann kann ich mir nur vorstellen, dass der Lenzenbauer sie dazu gezwungen hat. Erst hat er sie verführt und dann wollte er nicht gradestehen für seine Taten. So wird es gewesen sein. Niemals hätte sie das allein gemacht. Sie bringt doch kein Kind um. Die Rosa liebt Kinder. Und auch ein uneheliches Kind ist doch ein Mensch von Gott. Das wirft man doch nicht einfach weg.«

»Gut, das habe ich verstanden«, erwiderte Strecker. »Ich werde Ihre Aussagen zu Protokoll nehmen.«

»Kann ich meine Tochter sehen?«, bat Martha Löffler und schaute den Oberwachtmeister flehentlich an.

»Eigentlich ist es nicht erlaubt, aber wir machen eine Ausnahme. Warten Sie hier.«

Rosa schossen die Tränen in die Augen, als sie ihre Mutter im Büro von Oberwachtmeister Strecker sitzen sah.

»Mutter.« Sie blieb stehen und wartete.

Martha Löffler erhob sich. »Rosa, mein Kind.«

Hilflos blieb sie vor ihrer Tochter stehen und verharrte. Da machte Rosa einen Schritt nach vorn und warf sich in die Arme ihrer Mutter. Sie legte ihren Kopf an deren Schulter und schluchzte hemmungslos.

Martha Löffler wusste zunächst nicht, was zu tun war. Hier oben auf dem Wald zeigte man seine Gefühle gemeinhin nicht, und Martha war keine Mutter gewesen, die ihre Kinder regelmäßig in den Arm genommen hätte. Das tat niemand auf dem Wald. Doch jetzt siegte ihr Schutzinstinkt. Ganz fest schloss sie ihre Arme um Rosas Körper und strich ihrer Tochter beruhigend über den Kopf.

»Mach dir keine Sorgen, meine Liebe. Es wird alles wieder gut. Ich bin bei dir.«

Bruno Strecker setzte sich an die Schreibmaschine und begann, das Protokoll von Martha Löffler vorzubereiten. Sie musste nachher nur noch ihre Personalien nennen und unterschreiben. Strecker war froh, in die Tasten hauen zu dürfen. Das Klappern überdeckte die Dramatik des Augenblicks, die für ihn schwer zu ertragen war. Die beiden Frauen sprachen nicht. Noch immer lag Rosa in den Armen ihrer Mutter und weinte.

Irgendwann griff Martha Löffler Rosa an den Schultern und blickte ihr ernst ins Gesicht. »Was immer passiert, du bleibst unsere Tochter. Selbst wenn du Unrecht getan hast. Das warst nicht du. Das war der Teufel.«

»Das war nur ich, Mutter«, schniefte Rosa. »Ich wusste mir einfach nicht zu helfen. Und ich wollte euch auch keine Schande machen.«

»Der Emil war's«, grollte Martha. »Er hat dich verführt. Das hätte er niemals tun dürfen.«

»Nein.«

»Er muss genauso büßen wie du.«

»Jetzt reicht es, Frau Löffler«, ging Bruno Strecker dazwischen. »Die Zeit ist um. Ihre Tochter geht wieder in ihre Zelle, und Sie unterschreiben hier.« Er zog das Papier aus der Schreibmaschine und legte es auf den Schreibtisch. Dann führte er Rosa ab.

Als Karl Wunderle am späten Nachmittag aus Freiburg zurückkehrte, entschieden die beiden Gendarmen, die Ergebnisse der Leichenöffnung abzuwarten, die morgen im Laufe des Vormittages telefonisch mitgeteilt werden sollten, und erst dann den Lenzenbauern zu verhören. Emil Dold reagierte verärgert in seiner Zelle. Wütend haute er gegen die Zellentür und begehrte, herausgelassen zu werden. Strecker und Wunderle ignorierten ihn. Stattdessen wollten sie noch einmal mit Rosa sprechen.

»Lassen Sie mich allein mit ihr«, bat Strecker seinen Kollegen.

Karl Wunderle schüttelte strikt den Kopf. »Sie wissen, dass das gegen die Vorschriften ist.«

»Ich glaube aber, dass sie sich dann öffnet. Sie vertraut mir mehr als Ihnen.«

»Woher wollen Sie das wissen?«, lachte Wunderle auf. »Sie können die Fragen stellen, und ich sitz hinter der Schreibmaschine, wie gehabt. Aber ich lass mich doch nicht aus den Ermittlungen aussperren.«

»Bitte.« Strecker schaute Wunderle eindringlich an. »Glauben Sie mir, ich kann so mehr herausbekommen. Sie kennen sich, duzen sich. Für Rosa sind Sie einer aus dem Dorf, sie hat viel zu viel Angst, dass Sie alles, was sie sagt, nach außen tragen. Verstehen Sie mich nicht falsch.« Strecker hob abwehrend die Hände. »Natürlich tun Sie das nicht, das weiß ich doch. Aber für Rosa bin ich ein Außenstehender, ich glaube, dass sie mit mir eher redet. Und wenn Sie meinen, Fräulein Löffler ergreift die Flucht – dann verschieben Sie Ihren Feierabend und warten so lange in Ihrem Büro. Es gibt ja noch genug Papierkram zu erledigen. Im Zweifelsfall sind Sie ja schnell zur Stelle.«

Wachtmeister Wunderle fiel es sichtlich schwer, zurückzustecken. Er blieb still und überlegte, das konnte Strecker an seinen zuckenden Mundwinkeln erkennen. Schließlich nickte Wunderle.

»In Ordnung. Ich gehe nach nebenan.«

»Danke, Herr Kollege«, sagte Strecker, der ihm den Verzicht hoch anrechnete.

Wie in den Tagen zuvor setzte sich Rosa kurz darauf schüchtern auf den Stuhl vor Streckers Schreibtisch und senkte den Kopf.

»Fräulein Löffler, wie geht es Ihnen?«, fragte Strecker freundlich.

»Wie soll es mir schon gehen?« Rosa zuckte mit den Schultern.

Strecker beugte sich vor. »Wir haben Ihr Kind gefunden.«

Rosa fing an, am ganzen Körper zu zittern. Mit dem Handrücken wischte sie sich die Tränen aus dem Gesicht.

»Es tut mir leid«, flüsterte sie.

Sie weinte still vor sich hin, und Strecker wartete geduldig, bis sie sich etwas beruhigt hatte und von sich aus den Kopf hob.

»Ich wollte das nicht. Ich wusste einfach nicht, was ich tun sollte.«

»Haben Sie denn niemals überlegt, das Kind zu bekommen und großzuziehen?«, wollte Strecker wissen.

»Doch. Aber der Emil hat gleich gesagt: Das Kind muss weg.«

»Er wollte nicht, dass rauskommt, dass er der Vater ist«, stellte Strecker fest.

»Nein. Das sollte niemand wissen. Dann bin ich geliefert, hat er gemeint. Er hat nie etwas anderes gesagt, als dass das Kind weg muss. Schau, wie du es wegkriegst, hat er gesagt. Ich hab Rizinusöl genommen … und Beifuß. Ich hab gedacht, dass es so abgeht. Und andere Sachen probiert, aber es hat nicht geklappt. Der Emil hat auch versucht, dass es weggeht.«

»Nämlich?«

Rosa druckste. »Er hat … also …« Sie atmete schwer. »Er hat sich auf mich gelegt und auf den Bauch gedrückt. Einmal hat er mich ganz arg geboxt, weil er dachte, dann geht die Leibesfrucht ab. Und dann hat er noch versucht, die Frucht auszukratzen.«

»Auszukratzen?«, fragte Strecker erstaunt. »Was muss ich mir darunter vorstellen?«

»Also …« Rosa deutete beschämt mit dem rechten Zeigefinger auf ihren Schoß. »Er hat direkt versucht, mit seiner Hand und … den Fingern …« Sie wurde feuerrot im Gesicht und hielt den Kopf weiter gesenkt.

Strecker war fassungslos. »Warum haben Sie das mitgemacht?«

»Er hätt' mich doch sonst vom Hof gejagt. Wo wär ich denn hingegangen?« Rosa klang verzweifelt. »Ich hatte Angst, dass ich dann ganz allein bin.«

Strecker rang nach Luft. »Warum sind Sie nicht zurück zu Ihren Eltern gegangen?«

»Ich wollte ja. Aber … Ich hab mich nicht getraut, weil ich mich so geschämt hab. Ich wollte mit ihnen sprechen, aber ich hab es nicht geschafft. Jedes Mal, wenn ich bei ihnen war, hab ich gehofft, dass sie mich fragen würden. Aber sie haben nie etwas gesagt.« Rosa stockte. »Jetzt schäme ich mich noch viel mehr.«

»Und Sie und Herr Dold hatten während Ihrer Schwangerschaft nach wie vor ein geschlechtliches Verhältnis miteinander?«, wollte Strecker wissen.

Rosa nickte und starrte in Nichts. »Ja. Auf dem Heuboden. Meistens nach dem Auskratzen.«

»Wollten Sie das?«

Sie schüttelte den Kopf. »Nein. Es tat weh.«

Bruno Strecker war schockiert. »Ich muss das alles aufschreiben«, erklärte er.

»Was passiert jetzt mit mir?«

»Nun, Sie werden der Staatsanwaltschaft in Freiburg überstellt und kommen dort ins Gefängnis. Dann wird Anklage gegen Sie erhoben, und Sie werden vor Gericht gestellt.«

Rosa schwieg und dachte nach, während Strecker einen Bogen Papier in die Schreibmaschine spannte.

»Wie teuer ist es im Gefängnis?«, fragte sie schließlich.

»Ich glaube, der Tagessatz beträgt 1,80 Mark«, antwortete Strecker. »Warum wollen Sie das wissen?«

»Wie lange muss ich ins Gefängnis?«

»Das entscheidet der Richter. Ein paar Jahre sicher, nehme ich an.«

»Dann …«, Strecker konnte Rosa förmlich rechnen sehen, »dann ist das sehr viel Geld, das ich zahlen muss.«

»Nein.« Strecker musste lächeln. »Das müssen Sie nicht bezahlen, das zahlt der Staat. Sie können im Gefängnis auch arbeiten.«

»Das ist gut«, meinte Rosa. »Arbeiten ist gut. Dann muss ich nicht so viel nachdenken.«

»Ja«, pflichtete Strecker bei, »das verstehe ich bestens.«

Am nächsten Morgen klingelte, kaum dass Bruno Strecker von seiner unbequemen Pritsche im Büro aufgestanden war, das Telefon. Der Staatsanwalt berichtete von den Ergebnissen der Leichenschau.

»Das Kind ist erstickt. Das heißt, es hat gelebt, als es in den Abort geworfen wurde. Und ganz sicher wurde es in den Abort geworfen, der Pathologe konnte entsprechende Fäkalienreste nachweisen.«

»Danke, Herr Staatsanwalt.«

Der Staatsanwalt führte weitere Details aus der Untersuchung aus, die Strecker gar nicht so genau wissen wollte. Danach stellte der Gendarm seinerseits die gewonnenen Erkenntnisse dar. Sie besprachen, dass zwei Polizeiwagen im Laufe des Nachmittags nach Dreisach kommen würden, um Rosa Löffler und Emil Dold ins Stadtgefängnis in Freiburg zu überstellen. Das gab Strecker und Wunderle die Gelegenheit, den Lenzenbauern noch einmal ausführlich zu vernehmen.

Kaum saß Emil Dold in Streckers Büro, beschwerte er sich.

»Es ist eine Unverschämtheit, dass Sie mich hier ohne triftigen Grund festhalten«, schimpfte er. »In diesem Kerker. Wer kümmert sich um meinen Hof, um meine Frau?«

»Hör auf zu jammern«, fuhr Karl Wunderle ihm über den Mund. »Deine Frau wird schon eine Lösung finden. So schnell kehrst du nämlich nicht zurück.«

»Jetzt beruhigen Sie sich«, beschwichtigte Strecker. »Kaffee?« Er schob dem Lenzenbauern eine Tasse über den Schreibtisch.

Wortlos nahm Emil einen Schluck und schaute sein Gegenüber feindselig an.

»Erzählen Sie uns doch mal genauer von Ihrem Hof«, begann Bruno Strecker das Verhör. »Gehört er Ihnen?«

Emil stöhnte auf. »Natürlich gehört er mir, aber er ist noch nicht auf mich überschrieben. Meine feinen Schwestern weigern sich nämlich, ihre Unterschrift daruntерzusetzen. Die glauben tatsächlich, dass irgendwann noch mal mein jüngerer Bruder von den Kriegstoten aufersteht und den Hof übernimmt, wie es ursprünglich vorgesehen war. Und solange sie das glauben, bewirtschafte ich den Hof quasi kommissarisch.«

»Sind Schulden drauf?«

Emil nickte. »Zwanzigtausend Mark.«

»Das ist viel«, stellte Strecker fest.

»Mein Vater hat nicht gut gewirtschaftet. Doch das ist kein Problem. Ich hab das Geld. Agnes hat fünfzehntausend mit in die Ehe gebracht.«

»Donnerwetter«, staunte Strecker. »Eine gute Partie, wie man so schön sagt.«

»Ja«, knurrte Emil. »Sagt mal wohl so. Aber die Agnes ist recht, ein guter Charakter. An unserer Ehe gibt es nichts auszusetzen.«

»War Ihre Ehefrau Ihre erste Erfahrung in geschlechtlicher Hinsicht?«

Emil wandte den Blick ab. »Nein.«

»Sondern? Die Magd?«

»Nein.« Der Bauer schüttelte den Kopf. »Ich habe bereits in Rumänien … mit Frauen verkehrt. Aber das war etwas anderes.«

»Was meinen Sie damit?«

»Das möchte ich nicht ausführen«, wehrte Emil entschieden ab. »Es war Krieg …« Er stockte. »Und es tut nichts zur Sache.«

»Meinen Sie«, entgegnete Strecker zynisch. »Kommen wir doch zur Sache: Herr Dold, das zwischen Ihnen und Rosa, das ist etwas ganz Besonderes.«

»Wer sagt das?«

»Alle.«

»Wer alle?«

»Der ganze Ort. Alle, mit denen wir gesprochen haben. Sie sagen, jeder konnte sehen, dass Sie sich mochten.«

Scheinbar desinteressiert zuckte Emil mit den Schultern. »So, sagen die das?«

»Das Pfingstfest vor zwei Jahren, der gemeinsame Tanz. Immerzu sah man Sie gemeinsam. Auf dem Feld, sogar in der Kirche. Selbst, als Sie längst verheiratet waren.«

»Ach, hören Sie doch auf.« Emil winkte ab.

»Sie können weiterhin darauf beharren, dass wir Unsinn reden, aber wir haben mittlerweile handfeste Beweise. Zudem hat Rosa Löffler alles zugegeben.«

»Ich habe mit ihrem Bastard nichts zu tun«, beharrte Emil.

»Sie haben jahrelang ein regelrechtes Verhältnis mit ihr geführt, vor Ihrer Eheschließung und danach, mit der Folge, dass Ihre Magd schwanger wurde. Kurz nachdem auch Ihre Frau schwanger geworden war.«

Strecker hielt inne und wartete auf eine Reaktion, doch Emil Dold hatte die Arme verschränkt und beschlossen zu schweigen.

»Die Magd hatte nie mit einem anderen Mann verkehrt. Sie war von Ihnen und niemandem sonst schwanger, und Sie wollten nicht, dass sie das Kind kriegt. Rosa Löffler war von Ihnen abhängig. Sie haben gesagt: Das Kind muss weg. Sie fürchteten die Schande für sich selbst und Ihre Familie mehr als alles andere. Rosa war Ihnen egal. So war es doch, geben Sie es schon zu, verdammt.«

Emil schwieg.

»Fräulein Löffler hat mir ihre verzweifelten Abtreibungsversuche geschildert«, fuhr Strecker fort. »Ihren Beitrag dazu. Sie sollten sich schämen.«

»Das sind Unterstellungen«, erklärte Emil vehement.

»Nein, Herr Dold«, widersprach Strecker. »So etwas kann man sich nicht ausdenken, schon gar nicht Rosa Löffler, dafür ist sie gar nicht gerissen und schlau genug. Ich glaube ihr jedes Wort, das sie sagt.«

Es hielt den Gendarmen nicht mehr auf seinem Stuhl. Er sprang auf und lief erregt im Zimmer auf und ab.

»Wir haben das Kind gefunden, Herr Dold, und wir haben das Geständnis von Fräulein Löffler. Das Kind ist erstickt. Es hat gelebt, als Ihre Magd es in den Abort warf. Verstehen Sie das? Es hätte leben können. Stattdessen wurde es in Scheiße geworfen. Und Sie«, jetzt war Bruno Strecker dicht über dem Lenzenbauern, »Sie haben es da rausgeholt und im Acker vergraben, damit es niemand findet. Widerlich ist das.«

Emil senkte den Kopf und ließ die Arme fallen. Strecker hatte den Eindruck, dass der Widerstand des Bauern angesichts der neuen Beweislage gebrochen war. Er legte nach.

»Hören Sie, es geht für Sie nicht zurück auf den Hof. Sie kommen heute noch ins Gefängnis nach Freiburg. Sie erleichtern sich selbst und uns die Arbeit, wenn Sie einfach zugeben, wie es war.«

Der Bauer schwieg, Karl Wunderle nutzte die Pause, um das Gesagte ins Protokoll zu tippen.

Schließlich räusperte Emil sich. »Also, ja, es stimmt, dass ich das Kind vergraben hab. Dass ich nicht wollte, dass die Rosa es bekommt. Aber sie wollte es doch auch nicht. Es ist richtig, zwischen Rosa und mir, das ist etwas Besonderes. Es hat halt nicht sein dürfen.«

»Gut.« Strecker setzte sich wieder an seinen Schreibtisch und sortierte ein paar Papiere. »Dann vervollständigen wir jetzt das Protokoll und warten auf die Polizei aus Freiburg, die Sie dann mitnimmt.«

Emil Dold hielt den Kopf so sehr gesenkt, dass es unmöglich war, ihm ins Gesicht zu schauen. Karl Wunderle tippte das Protokoll, so schnell er konnte. Als er fertig war, hob der Lenzenbauer den Kopf.

»Was war es denn? Bub oder Maidle?«

»Das wissen Sie nicht?«, wunderte sich Strecker.

»Nein. Die Rosa hat es mir nie gesagt, und als ich das Kind aus der Grube gefischt hab, da … da hab ich nicht so genau hingeguckt. Es war ja schon so ein bisschen …« Emil schluckte.

Strecker sah ihn ernst an. »Es war ein Bub.«

»Ein Bub.« Fast lächelte Emil. »Von der Rosa. Das ist …« Er stockte und vergrub das Gesicht in seinen Händen.

»Wissen Sie was?«, fragte Strecker. »Sie sind selbst schuld. Hätten Sie die Leute einfach reden lassen, wäre wohl gar nichts passiert. Sie haben es herbeigeführt, indem Sie Maria Wöhrle an den Pranger gestellt haben. Nie hätten wir angefangen zu suchen, nur weil die Leute schwätzen. Aber ich sag Ihnen eines: Ich bin froh, dass es so passiert ist und Sie jetzt nicht davonkommen.«

*

Nachdem Emil und Rosa nach Freiburg verbracht worden waren, hörte die Arbeit für die beiden Gendarmen noch nicht auf. Der Staatsanwalt beauftragte sie, weitere Zeugenaussagen von Nachbarn, dem Pfarrer, ehemaligen Lehrern sowie Verwandten aufzunehmen. Jede einzelne wurde säuberlich abgetippt und zu den Akten gegeben.

Egal, wen sie befragten, die Antworten ähnelten sich. Ja, der Bauer und die Magd wirkten immer sehr harmonisch. Nein, ein Paar waren sie ganz sicher nicht, der Bauer war doch verheiratet. Nein, ob die Magd schwanger war, vermochten sie nicht zu sagen. Sie war ja schon immer ein bisschen dick. Ja, das Gerücht, dass Rosa schwanger gewesen sein könnte, haben sie auch gehört. Aber weiß man's?

Einig waren sich auch alle in der Bewertung von Rosa. Kein Einziger bescheinigte ihr etwas Schlechtes, jeder lobte ihr fröhliches Wesen, ihren guten Charakter und ihre Tüchtigkeit. »Die Rosa«, setzten alle an, »kann schaffen für zwei«, ergänzte dann Strecker.

Es war schon fast kurios, wie alle genau dasselbe sagten. Auch die Bewertungen zu Emil hatten den gleichen Tenor: Seit er aus dem Krieg zurück war, war er nicht mehr derselbe, herrisch, schimpfend, unangenehm, ja, ungerecht. Seine vier Schwestern ergossen ohne Ausnahme schlechte Meinungen über ihn, selbst Erna Draxler schlug in die Kerbe. Und alle Befragten waren sich sicher, dass Rosa zu dieser Schandtat nur in der Lage gewesen war, weil der Lenzenbauer sie dazu genötigt hatte.

Bruno Strecker entdeckte noch eine weitere Gemeinsamkeit in den Aussagen, die ihm als Mann nicht so bewusst war.

»Niemals läuft eine Frau gleich nach der Geburt durchs Haus und wischt danach den Boden«, sagte jede Frau, mit der er sprach und die selbst Kinder geboren hatte, mit inbrünstiger Überzeugung, auch seine eigene.

Und doch, es schien so gewesen zu sein. Bruno Strecker besuchte die Hebamme, um ihre Meinung zu hören. Josefa Löffler ließ ihn auf der Bank vor dem Haus Platz nehmen, goss ihm einen wohlriechenden Tee ein und setzte sich neben ihn.

»Ich mache mir Vorwürfe«, sagte sie und schaute geradeaus in ihren Garten. »Ich hätte es hinterfragen müssen.«

»Sie müssen sich keine Vorwürfe machen«, beruhigte Strecker sie.

»Doch, doch. Wissen Sie, ich war ja da. Ich war im Haus, sowohl, als Agnes schwanger war, als auch bei der Geburt. Rosa war die ganze Zeit dabei. Ich hatte es vermutet, aber nicht für möglich gehalten.«

»Das hatte niemand.«

»Aber es wäre doch meine Aufgabe gewesen, genau hinzuschauen … Wir sind verwandt und ich bin doch Hebamme. Wie konnte ich es nicht sehen?« Josefa blickte Strecker ernst an. »Ich frage mich: Vielleicht wollte ich es nicht sehen? Ich habe sie darauf angesprochen, sie hat es abgestritten, ich habe nicht weiter nachgefragt.«

»Sie haben Sie immerhin angesprochen. Damit waren Sie die Einzige.«

Josefa seufzte. »Ich habe es mir zu bequem gemacht.«

»Rosa war bei der Geburt ganz allein«, bemerkte Strecker.

»Ja, das ist furchtbar. Auch das hätte nicht passieren dürfen. Warum bloß hat sie nicht wenigstens mich ins Vertrauen gezogen? Ich hätte ihr doch helfen können.«

»Rosa sagt, sie hätte das Kind gleich, nachdem es auf der Welt war, gepackt und in den Abort geworfen.«

»Unglaublich.« Josefa schüttelte den Kopf. »Es ist fast nicht vorstellbar. Aber in solchen Situationen sind Menschen zu übermächtigen Dingen fähig. Ich hätte niemals gedacht, dass die liebe Rosa je zur Kindsmörderin wird. Niemand hätte das für möglich gehalten. Erstaunlich auch, dass Agnes nichts gemerkt haben will. Rosa muss doch eine Blutspur durch das ganze Haus gezogen haben.«

»Sie hat den Boden gewischt.«

Josefa kniff die Augen zusammen und blinzelte in die Sonne. »Das ist nicht zu fassen. Das ist übermenschlich. Die arme Rosa.«

Die beiden schwiegen eine Weile und tranken ihren Tee.

»Warum hat das Kind nicht leben dürfen?«, fragte Josefa. »Es gibt so viele uneheliche Kinder, gerade von Mägden. Ich habe es so oft erlebt. Ha, der Knecht oder der Tagelöhner sollen's gewesen sein, aber in Wirklichkeit war's der Bauer. Rosa ist also beileibe nicht die Einzige, der das passiert ist. Und meist laufen diese Kinder auf den Höfen dann so mit. Sie sind ja eh da. Das hätte doch in diesem Fall auch so sein können.« Sie machte eine kurze Pause. »Na, ich vermute, es durfte nicht sein, dass beide Frauen gleichzeitig schwanger waren. Die Leute hätten sich das Maul zerrissen. Aber das haben sie doch sowieso gemacht.«

»Rosa besteht darauf, dass es Liebe war. Und auch den Bauern ließ es nicht ganz kalt«, berichtete Strecker.

»Pff, Liebe«, meinte Josefa verächtlich. »Sie hat sich verrannt. Sie war bestimmt in ihn verliebt, aber Emil als ihr Dienstherr? Weiß der überhaupt, was Liebe ist? Das konnte ja nicht gutgehen. Glauben Sie mir, Liebe ist hier oben auf dem Wald nicht immer die beste Grundlage. Nicht mal zum Kinderkriegen.«

»Jedes Kind ist doch ein Geschenk«, sagte Strecker traurig. »Man kann es nicht einfach wegwerfen. Nicht nach der Geburt, weil es nicht willkommen ist, und nicht durch einen irrsinnigen Krieg.«

»Da haben Sie recht. Wir sind alle froh, dass Sie den Fall aufgeklärt haben.«

Strecker trank den Rest aus seiner Teetasse und beobachtete die Bienen, die durch den blühenden Garten der Hebamme summten. Zum ersten Mal, seit er im Schwarzwald lebte, spürte er ein Gefühl der Zufriedenheit. Nicht nur würde die Magd zur Verantwortung gezogen werden, sondern auch der Bauer. Bruno Strecker, der ehemalige Reichspolizist aus Schlesien, hatte ein Stückweit für Gerechtigkeit gesorgt. Seit der Fall aufgeklärt war, hielten die Leute an, zogen den Hut und grüßten ihn freundlich. Es schien, als könnten sie ihn, den Flüchtling, endlich akzeptieren. Er war angekommen.

Sühne

Die Julisonne schien durch das vergitterte Fenster. Rosa saß auf ihrer Pritsche im Stadtgefängnis Freiburg und wartete darauf, abgeholt zu werden. Heute Mittag sollte vor dem Landgericht das Urteil gegen sie und Emil fallen. Rosa war nervös – sie fürchtete weniger das Urteil selbst als die Besucher, die in den Publikumsreihen des Gerichtssaals dicht an dicht sitzen und bescheinigt bekommen würden, was für ein schlechter Mensch sie war. Vielleicht war sogar der Pressevertreter mit der großen Kamera und dem Blitzlicht wieder da. Zumindest war es an allen vier Verhandlungstagen so gewesen: Alle Besucherstühle waren besetzt gewesen, in der ersten Reihe der Reporter. Rosa hatte sich kaum getraut, aufzuschauen, zu sehr fürchtete sie sich vor den Leuten.

Ein paar Zuschauer waren ihr trotzdem aufgefallen: Der Pfarrer aus Engenbach hatte sich einmal blicken lassen, Josefa, die Hebamme, ebenfalls. Sie hatte Rosa freundlich und aufmunternd angelächelt. Rosa hätte gerne mit ihr gesprochen. Dass der Pfarrer sein Interesse an der Verhandlung durch sein Kommen bekundete, hatte Rosa eher beschämt. An jedem einzelnen Verhandlungstag saßen außerdem Maria Wöhrle und Herta Spiegelhalter in den vorderen Reihen. Maria Wöhrle war gleich am ersten Tag als erste Zeugin überhaupt geladen gewesen, und es hatte ihr sichtlich Vergnügen bereitet, Emil lang und breit an den Karren zu fahren und danach im Publikum unter den verärgerten Blicken desselben Platz zu nehmen.

Rosas Eltern oder Geschwister hatten nicht am Prozess teilgenommen, und Rosa war froh drum. Ihre Mutter hatte einmal die beschwerliche Reise mit Bus und Bahn nach Freiburg auf sich genommen, um sie zu besuchen. Der Vater werde in der Fabrik geschnitten, erzählte Martha, und dass sie sich den Gang in den Gerichtssaal nicht antun könnten. Rosa verstand das nur zu gut und schämte sich, dass ihre Eltern wegen ihr zu leiden hatten. Dafür kam Agnes am ersten Verhandlungstag in Begleitung ihres Vaters, Clemens Faller. Sie warf ihrem Ehemann einen liebevollen Blick zu und ignorierte Rosa. Mit erhobenem Haupt trat sie in den Zeugenstand und erklärte mit fester Stimme, dass sie als Angehörige des Angeklagten die Aussage verweigere. Danach verließ sie mit ihrem Vater den Saal und wurde an den nächsten Verhandlungstagen nicht mehr gesehen. Stattdessen wurde ihre Aussage vor der Gendarmerie Dreisach verlesen. Nichts hätte Agnes bemerkt, gar nichts.

Es war peinlich für Rosa, all die Protokolle, Zeugenaussagen und Untersuchungsergebnisse anzuhören. Sie und Emil mussten das vorgetragene psychiatrische Gutachten über ihren Charakter und ihre Intelligenz über sich ergehen lassen. Am schlimmsten war es, als der Gerichtsmediziner von der Leichenschau des Säuglings berichtete. Zwar verstand Rosa nicht mal die Hälfte von dem, was er vortrug, aber es klang grauenvoll.

Auf der Anklagebank saß Rosa dem Richter und seinen Beisitzern am nächsten. Neben ihr nahm ihr Pflichtverteidiger Platz, dann folgte der von Emil und schließlich Emil selbst. Nur ein einziges Mal hatten sie und Emil sich direkt angeschaut. Rosa hatte schnell den Kopf weggedreht, und seitdem bemühten sich beide, sich gegenseitig zu ignorieren, was gar nicht so einfach war. Rosa hatte mittlerweile erkannt, dass es wohl nicht die Liebe zu ihr gewesen war, die Emil hatte handeln lassen. Vielleicht hatte er sie am Anfang geliebt, ja, daran glaubte sie fest. Aber zum Schluss, so musste sie schmerzlich erkennen, war es ihm nur noch darum gegangen, Schaden von sich und seiner Familie abzuwenden. Rosa hatte entschieden, dass sie ihn in ihrem Leben niemals wiedersehen wollte.

Seit ihrer Festnahme hatte Rosa in ihrer Zelle viel Zeit zum Nachdenken gehabt – obwohl Nachdenken ja gar nicht ihre Stärke war. Aber wenn sie nicht gerade arbeitete, gab es während der Einschlusszeiten nicht viel zu tun. Dann saß sie auf ihrer Pritsche und grübelte wider Willen. Um das zu vermeiden, hatte sie sich sogar einmal aus der Gefängnisbibliothek ein Buch namens *Die Mutter und ihr erstes Kind* mitgenommen, aber sie war es nicht gewohnt zu lesen und fand es anstrengend, und mit dem Thema wollte sie eigentlich auch nichts zu tun haben. Jedenfalls dachte Rosa viel darüber nach, was passiert war, und sie sprach oft mit dem Gefängnispfarrer. Er nahm ihr die Beichte ab und sprach sie von allen Sünden frei, doch Rosa spürte, dass dies nicht genug war. Das Wimmern ihres toten Kindes in ihrem Kopf wurde zwar leiser, aber ganz ließ es sie nicht in Ruhe. Rosa schloss daraus, dass ihre Buße noch nicht ausreichte, und erwartete deshalb ihr Urteil vor einem weltlichen Gericht mit höchster Spannung.

Im Gefängnis ging es ihr nicht schlecht. Genau genommen hatte sich an ihrem Leben im Vergleich zu dem vor ihrer Haft nicht viel geändert, eigentlich nur, dass es hinter Gittern stattfand und sie bisweilen zum

Nichtstun verdammt war. In ihrem vorherigen Leben war ihr Wirkungskreis bis auf wenige Ausnahmen, wie der Besuch bei ihrer Familie, auf den Lenzenhof beschränkt gewesen. Sie war kaum herausgekommen und hatte jahrelang jede anfallende Tätigkeit auf dem Hof ohne Klagen angenommen. Das Arbeiten machte ihr keine Mühe, auch jetzt nicht, im Gegenteil war sie froh drum. Sie stand täglich in der Gefängniswäscherei und versah ihren Dienst zur allergrößten Zufriedenheit des Personals. Ja, sie schaffte für zwei, wie es anerkennend im Gutachten über ihr tadelloses Verhalten im Gefängnis hieß, das vor Gericht vorgelesen wurde.

Das Einzige, was Rosa wirklich fehlte, war die Natur. Ihr ganzes bisheriges Leben hatte sie arbeitend auf dem Feld oder am Hof verbracht. Sie kannte nur die Berge und Täler des Schwarzwaldes. Die frische Luft, der freie Blick, der Wechsel des Wetters – das waren die Dinge, die Rosa im Gefängnis am meisten vermisste, nicht die persönliche Freiheit.

Jetzt hörte Rosa, wie der Schlüssel von außen ins Schloss gesteckt und umgedreht wurde. Mit einem Quietschen wurde die Tür geöffnet. Rosa setzte sich automatisch aufrechter hin. Der Wärter steckte seinen Kopf herein.

»Bereit?«, fragte er.

Rosa nickte und stand auf.

Nicht nur Rosa erwartete mit Spannung ihr Urteil. In einem Café in der Bertoldstraße unweit des Landgerichts hatten es sich zum gleichen Zeitpunkt Maria Wöhrle und Herta Spiegelhalter bequem gemacht, um die Zeit zu überbrücken, bis die Türen des Gerichtsaals geöffnet wurden. An jedem einzelnen Verhandlungstag waren sie von Engenbach aus angereist, mit Hilfe von Hertas Mann, der manchmal beruflich in Freiburg zu tun hatte und es für die Damen stets so eingerichtet hatte, genau dann in die Stadt zu fahren. Der Ausflug nach Freiburg brachte den beiden Frauen jedes Mal viel Spaß. Nach der Verhandlung genossen sie noch das städtische Leben, die Cafés, die vielen Läden, ganz besonders die Modegeschäfte – herrlich war das, weltoffen und nicht so klein wie in Engenbach. Gewiss, die Spuren des Bombenangriffs waren aus der Stadt noch nicht gänzlich verschwunden, aber der Trubel war in die Straßen zurückgekehrt.

»Was glaubst du, wie viel kommt für die beiden am Ende raus?«, wollte Maria zum wiederholten Male wissen.

»Alles unter lebenslänglich ist zu wenig«, entschied Herta, ebenfalls zum wiederholten Male, und goss Kaffee aus dem Kännchen in ihre Tasse.

»Meinst du, der Emil kann je auf den Lenzenhof zurückkehren, wenn es nicht lebenslänglich ist?«, fragte sie weiter.

Auch das war eine Frage, die sie schon hinreichend diskutiert hatten.

»Ich würd's ihm nicht raten«, meinte Maria.

»Nein, wirklich nicht. Und Rosa?«

»Ach die! Na, wahrscheinlich besser auch nicht. Ich mein', die wird doch für immer schief angeguckt.«

»Schief ist das richtige Stichwort«, grinste Herta.

Die beiden lachten ausgiebig über Hertas Witz.

»Zu schade, dass Auguste nicht mal heute dabei sein kann«, bedauerte Maria.

Da die Gerichtstermine alle an normalen Wochentagen stattfanden, hatte Auguste Dreieich nicht ein einziges Mal mit ihnen fahren können; schließlich musste sie das Postamt hüten, was sie sehr verärgerte, weil sie natürlich nur zu gerne eine Gerichtsverhandlung miterlebt hätte, vor allem diese. Jedes Mal, wenn Herta und Maria zurückkehrten, erstatteten die Freundinnen ihr ausführlich Bericht, ein kleiner Trost für Auguste.

»Ja, auch schade, dass Erna fehlt«, meinte Herta hämisch.

Jetzt mussten beide wieder lachen. Natürlich kam Erna nicht – auch sie musste in ihrem Lebensmittelladen für die Kundschaft parat stehen. Die allerdings seit dem Skandal rund um ihren Bruder Emil viel weniger geworden war. Zu allem Überfluss hatte dann auch noch Elfriede Katzuleit gekündigt und erklärt, dass es ihr in diesem scheinheiligen Dorf überhaupt nicht gefalle. Sie gehe lieber nach Heilbronn, wo entfernte Verwandte von ihr untergekommen seien. Fassungslos hatte Erna zugesehen, wie die Schlesien-Vertriebene, zu der sie doch so gut gewesen war, ihre Sachen packte, ihre Kinder nahm und verschwand. Jetzt musste Erna allein zurechtkommen, und das war schwer genug, seitdem jeder über ihren Bruder und die Magd tuschelte und damit auch über sie. Da nutzte es nichts, sich so weit wie möglich von seinem eigen Fleisch und Blut zu distanzieren, wie Erna es getan hatte. Das Getuschel nahm kein Ende, und zu guter Letzt kündigte sie Herta, Maria und Auguste die Freundschaft, nachdem ihr zu Ohren gekommen war, wie die drei Frauen sich über sie das Maul zerrissen hatten.

»So etwas macht man nicht«, hatte Erna erklärt, als sie ein letztes Mal gemeinsam am Tisch hinter dem Laden zusammensaßen, und ihnen die Tür gewiesen. »Auf Nimmerwiedersehen!«

Doch der Schuss ging nach hinten los. Erna war einsamer denn je, und ihr Mann schimpfte, dass wegen ihres charakterlosen Bruders das Geschäft den Bach herunterging. Erna hoffte, dass Emil dafür büßen würde, wie auch immer.

»Gleich geht es los«, freute sich Maria. Sie trank den letzten Schluck Kaffee und winkte den Kellner heran. »Zahlen, bitte.«

Es war ein Glück, dass sie so rechtzeitig angereist waren. Vor dem Saal im Landgericht hatte sich schon eine Schlange an Zuschauern gebildet. Es summte wie in einem Bienenkorb. Als die Türen zum Gerichtssaal aufgingen, schafften es Maria und Herta, in der vierten Reihe zwei Plätze zu ergattern. Neugierig sahen sie sich um. Der Mann von der Presse war da, auch Franz Obert, der Bürgermeister von Engenbach, hatte sich eingefunden und nickte ihnen grüßend zu. Von den Familien von Rosa und Emil war niemand zu sehen.

»Wie auch? Würde ich auch nicht machen«, stellte Herta fest.

Maria boxte Herta in die Seite. »Da kommen sie.«

Rosa und Emil wurden von mehreren Polizisten hereingeleitet, dahinter folgten ihre Verteidiger. Keiner von beiden schaute Richtung Zuschauer, schnell setzten sie sich auf ihre Plätze. Der Reporter mit dem großen Fotoapparat trat an sie heran und schoss ein Foto, während die beiden ihr Gesicht mit den Händen abschirmten und sich abwandten. Nachdem der Reporter sich wieder gesetzt hatte, sprach Emil leise mit seinem Anwalt, während Rosa stur nach unten schaute. Ihr wippender Oberkörper verriet ihre Nervosität.

Schließlich ging am Kopf des Saales die Tür auf, und der Richter, seine zwei Beisitzer und die sechs Geschworenen traten ein. Sofort erhoben sich alle murmelnd und schauten erwartungsvoll zur Richterbank.

Der Vorsitzende Richter in der Mitte wartete, bis die Stimmen erstarben und es still wurde. Dann nahm er seine Papiere in die Hand und verkündete: »Im Namen des Volkes.«

Herta und Maria reckten die Hälse und richteten ihre Aufmerksamkeit auf Emil und Rosa. Während Emil die Hände vors Gesicht schlug, als er seine Strafe hörte, blieb Rosa ohne sichtliche Regung.

»Das ist zu wenig«, flüsterte Herta kopfschüttelnd.

»Ja, viel zu wenig«, pflichtete Maria leise bei. »Und das für eine eiskalte Mörderin. Schau sie dir an. Nicht zu fassen.«

Rosa war erleichtert, als das Urteil gesprochen wurde. Zwei Jahre und sechs Monate gab es für sie wegen Kindstötung. Und genauso viel für Emil wegen Beihilfe zum Totschlag. Das kam Rosa gerecht vor. Sie riskierte einen Blick zu Emil hinüber, der das Gesicht in seinen Händen vergraben hatte. Offensichtlich hatte er nicht mit demselben Strafmaß wie Rosa gerechnet.

»Nehmen Sie Platz«, sagte der Richter, und alle setzten sich geräuschvoll.

Jetzt begann er, das Urteil zu begründen. Doch Rosa

konnte kaum zuhören. Die Worte rauschten an ihren Ohren vorbei. Sie überlegte, was dieses Strafmaß für sie bedeutete. Zweieinhalb Jahre Gefängnis, das war absehbar. Sie fand, dass es ihrer Schuld gerecht wurde, ja, es kam ihr sogar milde vor. Sie würde jeden einzelnen Tag davon absitzen und nicht klagen. Denn sie hatte jeden einzelnen Tag verdient. Sie würde hart arbeiten und alles geben. Und wenn sie ihre Buße getan hatte und die Gefängnistore sich für sie öffneten, würde sie ein neues Leben beginnen. Ihren kleinen Buben würde sie in ihrem Herzen mitnehmen und sehen, wohin der Wind sie trug. Auf jeden Fall nicht zurück nach Engenbach. Vielleicht würde Rosa woanders im Schwarzwald nach einer geeigneten Arbeitsstelle für sich suchen. Oder sie blieb gleich in Freiburg, wo niemand sie kannte und wusste, was sie getan hatte. Arbeit gab es hier sicher genug für sie. Egal, was passieren würde, es würde gut werden.

Rosa freute sich schon jetzt auf ihr neues Leben.

*

Lenzenhof, Engenbach, 15. Februar 1953

An das badische Ministerium der Justiz
Gesuch um Gewährung eines Gnadenerweises
für meinen Ehemann Emil Dold

In der Strafsache meines Mannes erlaube ich mir, bei Ihnen ein Gnadengesuch einzureichen. Da in den kommenden Wochen mit der Feldbestellung zu rechnen ist, ist es mir fast nicht möglich, mit der Arbeit fertig zu werden. Unser Anwesen ist 28 Hektar groß. Wir haben zwei Pferde und 13 Stück Rindvieh. Ich befinde mich mit einem Tagelöhner, meiner verwitweten kranken Mutter und einem zweijährigen Kind allein. Die Mutter ist 67 Jahre alt und durch Gicht sehr gehbehindert und kann dadurch Hofarbeiten unmöglich verrichten.

Im Frühjahr häuft sich immer die Stallarbeit. Bei der heutigen wirtschaftlichen Lage ist man auf die richtige Bewirtschaftung eines Hofes sehr angewiesen, wenn es auch oft schwere körperliche Anstrengungen fordert. Bisher ist es mir noch nicht gelungen, eine weibliche Arbeitskraft auf den Hof zu bringen, nicht mal einen Hirtenbuben. Niemand möchte zu uns kommen. Auch sind Tagelöhner schwer zu kriegen. Bekommt man einen, ist er sehr teuer, 9 Mark am Tag kann ich kaum aufbringen. Da ich nun schon 20 Monate so allein dastehe, hoffe ich doch, von meinem Gesuch Gebrauch zu machen und dass Sie zur Feldbestellung meinen Mann entlassen. Nun möchte ich noch darauf hinweisen, dass der Tagelöhner in nächster Zeit in eine andere Gemeinde umzieht und es für ihn dann auch umständlich ist, mir zu helfen. Zumal er sonst in der strengsten Zeit mit der ganzen Familie eingegriffen hat. Was dann ganz unmöglich ist.

Frau Agnes Dold
Lenzenhof

Danksagung

Mein herzlicher Dank geht an meine ersten Leserinnen und Leser Conny, Dani, Eva, Marion und Martin – für ihre Zeit, ihre Expertise und ihre Ermunterung. Ohne euch wäre es nicht so gut vorangegangen.

Genauso herzlich bedanke ich mich beim Gmeiner-Verlag und bei meiner Lektorin Claudia Senghaas für die gute Zusammenarbeit und die schnelle und unkomplizierte Zusage, dieses Buch gemeinsam zu gestalten. Ich weiß es sehr zu schätzen.

Julia Heinecke

Weitere Titel finden Sie auf den folgenden Seiten und im Internet:

WWW.GMEINER-VERLAG.DE

Alle Bücher von Julia Heinecke:

Schneesturz – Der Fall des Königshofs
ISBN 978-3-8392-2855-5

Land unter Schnee
ISBN 978-3-8392-0274-6

Heimliche Frucht
ISBN 978-3-8392-0598-3